oekom

ClimatePartner°
klimaneutral
Verlag | ID: 128-50040-1010-1082

*Selbstverpflichtung zum nachhaltigen Publizieren*

Nicht nur publizistisch, sondern auch als Unternehmen setzt sich der oekom verlag konsequent für Nachhaltigkeit ein. Bei Ausstattung und Produktion der Publikationen orientieren wir uns an höchsten ökologischen Kriterien. Dieses Buch wurde auf 100 % Recyclingpapier, zertifiziert mit dem FSC®-Siegel und dem Blauen Engel (RAL-UZ 14), gedruckt. Auch für den Karton des Umschlags wurde ein Papier aus 100 % Recyclingmaterial, das FSC®-ausgezeichnet ist, gewählt. Alle durch diese Publikation verursachten $CO_2$-Emissionen werden durch Investitionen in ein Gold-Standard-Projekt kompensiert. Die Mehrkosten hierfür trägt der Verlag. Mehr Informationen finden Sie hinten im Buch und unter: http://www.oekom.de/allgemeine-verlagsinformationen/nachhaltiger-verlag.html

Bibliografische Information der Deutschen Nationalbibliothek:
Die Deutsche Nationalbibliothek verzeichnet diese Publikation in der Deutschen Nationalbibliografie; detaillierte bibliografische Daten sind im Internet über http://dnb.d-nb.de abrufbar.


Gesellschaft für ökologische Kommunikation mbH
Waltherstraße 29, 80337 München

Layout und Satz: Reihs Satzstudio, Lohmar
Lektorat: Susanne Darabas, München
Korrektorat: Maike Specht, Berlin
Grafiken: Grit Koalick (www.visuranto.de)
Umschlagkonzeption: www.buero-jorge-schmidt.de
Umschlaggestaltung: Elisabeth Fürnstein, oekom verlag

Druck: CPI Books GmbH, Leck


ISBN 978-3-96238-099-1

FSC www.fsc.org
RECYCLED
Papier aus Recyclingmaterial
FSC® C083411

Oliver Richters
Andreas Siemoneit

# Marktwirtschaft reparieren

---

Entwurf einer
freiheitlichen, gerechten und
nachhaltigen Utopie

# Inhaltsverzeichnis

## Kapitel 1

# Unser Ausgangspunkt

Wirtschaftswachstum ist seit Langem das mit Abstand wichtigste politische Ziel – weltweit und auf der Basis eines breiten gesellschaftlichen Konsenses.[1] In Deutschland wurde es 1967 im Stabilitäts- und Wachstumsgesetz (StabG) explizit formuliert, und auch der Vorstand des Europäischen Rates nahm sich im Jahr 2000 vor, »ein dauerhaftes Wirtschaftswachstum mit mehr und besseren Arbeitsplätzen und einem größeren sozialen Zusammenhalt zu erzielen«. Das Versprechen, mit Wachstum gesamtgesellschaftlich die soziale Lage zu verbessern, wurde augenscheinlich nach dem Zweiten Weltkrieg im »Wirtschaftswunder« tatsächlich eingelöst. Eine soziale Marktwirtschaft schien die beste aller ökonomischen Welten zu sein, indem sie das unternehmerische Potenzial Einzelner nutzbar machte, aber gleichzeitig durch Sozialgesetzgebung alle mitnahm. Viele Menschen konnten sich ein besseres Leben leisten, und die Kinder sollten es sogar noch besser haben. Weltweit sind Hunderte Millionen Menschen in den letzten Jahrzehnten der Armut entkommen, auch in Ostasien, Südamerika oder Osteuropa. Ihre Lebenserwartung liegt teilweise auf westlichem Niveau, und sie partizipieren an der globalen Ökonomie. Wachstumspolitik hat den Ruf, ein Allheilmittel gegen praktisch alle auftretenden sozialen und ökonomischen Probleme zu sein.

1 Als jährliches Wirtschaftswachstum wird die relative, prozentuale Veränderung des Bruttoinlandsprodukts (BIP) im Vergleich zum Vorjahr bezeichnet. Das BIP steht für die in Geld gemessene jährliche Wirtschaftsleistung einer Nation. Es misst den Umfang aller bezahlten wirtschaftlichen Aktivitäten, denen ihre Einwohnerinnen und Einwohner nachgehen.

Allerdings wird sie diesem Ruf durchaus nicht immer gerecht, selbst in den sogenannten wohlhabenden Industriestaaten nicht. Die Schere zwischen Arm und Reich geht dort immer weiter auseinander, und immer mehr Menschen sind prekär beschäftigt, erzielen also ein sehr geringes Einkommen aus Arbeit. Einer der wichtigsten Gründe für Armut ist allerdings, gar kein Einkommen aus Arbeit zu haben. In fast allen Ländern der Europäischen Union gibt es eine feste Sockelarbeitslosigkeit – vor allem für gering qualifizierte oder junge Menschen. Viele können von einer Arbeitsstelle alleine nicht oder nur schlecht leben, müssen mehrere Jobs machen oder zusätzlich staatliche Hilfe in Anspruch nehmen.

Die Institutionen des Sozialstaates stehen überall unter enormem Druck, weil die Umverteilung zwischen Einzahlern und Leistungsempfängern mittlerweile von beiden als ungerecht empfunden wird: überfordernd für die einen, unzureichend für die anderen. Auch jene, die zurzeit noch ein ausreichendes Einkommen erzielen können, spüren oft Unsicherheit, ob es so bleiben wird, denn insbesondere Globalisierung und Digitalisierung werden den Prognosen nach viele weitere Arbeitsplätze kosten. Diese Prozesse begünstigen große Unternehmen, sodass nationale und internationale Konzerne immer mehr Macht und Einfluss ausüben können und staatliche Regulierung nicht mehr ernst nehmen müssen. Viele Menschen haben das berechtigte Gefühl, das System insgesamt sei ungerecht geworden.

Gleichzeitig verursacht Wachstumspolitik immer offensichtlicher massive ökologische Schäden. Das betrifft einerseits die zügellose Gewinnung von Rohstoffen, den Raubbau in Ökosystemen sowie die Übernutzung von Land und Meer, andererseits die entsprechenden Hinterlassenschaften: den Ausstoß von Treibhausgasen, von Schadstoffen wie Schwermetallen, Chemikalien und radioaktiven Substanzen oder die Vermüllung durch Kunststoffe. An manchen Küsten enthält die Strandmasse 10 % Plastik. Der fruchtbare Oberboden – die lebenswichtige, dünne Schicht Erde – ist nicht nur vom Totalverlust durch Versiegelung bedroht, sondern auch von Erosion, Wüstenbildung, Überflutung, Verdichtung, Versauerung, Versalzung und Verunreinigung durch Schadstoffe. Während die Erneuerung des Oberbodens ein sehr langsamer Prozess ist (100 bis 400 Jahre pro Zentimeter), vollzieht sich der Verlust teilweise 100-mal schneller.

Laut *Living Planet Report* sind die Populationen der Wirbeltiere innerhalb der letzten 40 Jahre um 58 % zurückgegangen. Biologen sprechen vom sechsten Massensterben in der Erdgeschichte, vergleichbar mit der Zeit, als die Dinosaurier ausstarben. Menschliche Eingriffe verändern mittlerweile ganze Landschaften. Der Wissenschaftler Paul Crutzen machte dafür im Jahr 2000 den Begriff »Anthropozän« bekannt als Beschreibung für ein neues geologisches Zeitalter: Der Mensch wird jetzt als treibende Kraft von erdgestaltenden Prozessen identifiziert. Diese Veränderungen passieren jedoch unkontrolliert und gefährden Lebensgrundlagen, auch die der Menschen.

## 1.1 Wirtschaftswachstum oder Nachhaltigkeit – ein politisches Dilemma

Gleichwohl wird die ökologische Frage in der Politik regelmäßig gegen das Ziel weiteren Wachstums ausgespielt. Das ist eigentlich erstaunlich. Wie kann es sein, dass existenzielle ökologische Probleme für ein politisches Ziel in Kauf genommen werden? Aus unserer Sicht kann die Antwort nur lauten: weil mit Wachstumspolitik ebenfalls ein existenzielles Ziel verfolgt wird. Es geht eigentlich nicht um Wachstum, sondern um Arbeitsplätze, genauer: um Einkommen aus bezahlter Arbeit. Nur mit Wirtschaftswachstum scheint man dem schleichenden Anstieg der Arbeitslosigkeit zu entkommen, der durch Globalisierung und technischen Fortschritt hervorgerufen wird. Wirtschaftswachstum wird politisch gefordert und gefördert, um diesem sozialpolitischen Dilemma zu begegnen, auch wenn das Ergebnis in Hinsicht auf soziale Gerechtigkeit nicht immer überzeugend ist. Ohne Wachstum wäre es wohl noch weniger überzeugend.

Wenn das so ist, dann bleiben auf lange Sicht nur zwei Optionen: Wirtschaftswachstum ökologisch nachhaltig zu gestalten oder Nichtwachstum sozioökonomisch stabil zu machen. Die erste Option – grünes Wachstum – scheitert trotz enormer Anstrengungen seit mehreren Jahrzehnten vor allem am Thema Rohstoffeffizienz. Zwar gibt es zahlreiche Effizienzerfolge auf der Mikroebene (dem Haushalt, dem Unternehmen, dem einzelnen Produkt), auf der Makroebene der gesamten Volkswirtschaft ist davon jedoch nicht viel zu erkennen. In Deutschland sinken die Rohstoffimporte nicht, der Primärenergieverbrauch sinkt kaum, der Anteil erneuerbarer Energien am Gesamtenergieverbrauch bleibt niedrig, die Recyclingquoten stagnieren. Plastikmüll aus Haushalten wird in Deutschland zu 61 % der »thermischen Verwertung« zugeführt, also zur Energiegewinnung verbrannt. Für viele wichtige Metalle liegen die Recyclingquoten bei etwa 50 %, und in anderen Ländern sieht es nicht besser aus. Eine Kreislaufwirtschaft liegt in weiter Ferne. Sie scheint zwar technisch denkbar, aber ökonomisch nicht leistbar zu sein. Die zweite Option – Nichtwachstum oder sogar Schrumpfung – erscheint den meisten Menschen in politischer Hinsicht als völlig unrealistisch, buchstäblich undenkbar. Das ändert aber nichts an der Tatsache, dass die ökologischen Bedingungen *objektive* Grenzen setzen und dass daher die ressourcenintensive Wachstumspolitik ein Ende finden *muss*. Das sozial Wünschenswerte lässt sich nicht gegen das ökologisch Notwendige aufrechnen. Insofern gilt es, die zweite Option dahingehend zu untersuchen, worin eigentlich das Unrealistische, das Undenkbare besteht.

Wirtschaftswachstum richtet in den Industrieländern nicht nur ganz direkt ökologische Schäden an, sondern verschlimmert in seinem verzweifelten Streben sogar die gesellschaftlichen Probleme, die es eigentlich lösen möchte. Die gesellschaftlichen und ökologischen Kosten überschreiten den Nutzen zusätzlicher ökonomischer Aktivität. Ökonomisch gesprochen, ist also der Grenznutzen von Wachstumspolitik negativ, denn sie versucht mit viel Aufwand Probleme zu lösen, deren Ursachen ganz woanders liegen. Diese These vom unökonomischen Wachstum ist nicht neu. Sie hat vor etwa 45 Jahren mit dem Bericht »Grenzen des Wachstums« des *Club of Rome* und mit Herman Dalys *Steady-State Economy* gewissermaßen offiziell die politische Bühne betreten. Seitdem wird Wachstumskritik von einer kleinen, sehr inhomogenen gesellschaftlichen Gruppierung öffentlich vertreten, bleibt aber aus zwei Gründen politisch wirkungslos: Die Wachstumsbefürworter halten die These vom unökonomischen Wachstum schlicht für falsch und lehnen es in der Regel ab, sich überhaupt damit zu befassen, und die Wachstumskritiker sind sich – trotz eines seit Langem geführten Diskurses – über die tieferen Ursachen einer endlosen Wachstumsspirale und die notwendigen Gegenmaßnahmen uneinig. Vor allem besteht Dissens in der Frage, ob es einen systemischen kapitalistischen Wachstumszwang gibt, und wenn ja, wo: in der Konkurrenz, in der Profitorientierung, im Geldsystem? Oder ist Wachstumspolitik einfach nur eine politische Modeerscheinung, ein »Wachstumsparadigma«, das im Wettstreit der Systeme zwischen Ost und West nach dem Zweiten Weltkrieg aufgekommen ist? Dementsprechend haben Wachstumskritiker Schwierigkeiten, sich auf plausible Alternativen oder Reformen zu einigen. Das Ergebnis ist ein sehr bunter Strauß an Vorschlägen, die von Veränderungen im persönlichen Verhalten über einen kulturellen Wandel bis zu völlig neuen Wirtschaftssystemen reichen, was es Wachstumsbefürwortern sehr einfach macht, diese Vorschläge zurückzuweisen oder einfach zu ignorieren.

Das Fehlen einer plausiblen Antwort auf die Frage »Warum können wir mit dem Wachstum nicht aufhören?« ist unseres Erachtens das drängendste ungelöste Problem der Wachstumskritik. Die anhaltenden Auseinandersetzungen zu dieser Frage tragen dazu bei, dass Wachstumskritik die politische Nische bisher nicht verlassen konnte und weiterhin ökologische Nachhaltigkeit relativ problemlos gegen ökonomische Stabilität ausgespielt werden kann. Hinzu kommt innerhalb der Wachstumskritik eine weitverbreitete Fundamentalkritik an Marktwirtschaft als Wirtschaftssystem. Märkten wird eine immanente Tendenz in Richtung unsozial, rücksichtslos, entfesselt zugeschrieben, und entsprechend sucht man nach Alternativen. Aber viele der marktkritischen Reformvorschläge sind ökonomisch nicht fundiert und ignorieren wertvolle theoretische und empirische Erkenntnisse von marktfreundlichen Wissenschaftlern.

Mit unserer Arbeit richten wir uns an beide Seiten: Wachstumspolitik ist keine politische Modeerscheinung, sondern sie hat gute Gründe. Aber sie funktioniert nicht, weil sie an den tieferen Ursachen vorbeigeht. Indem wir aufzeigen, welches Problem Wachstumspolitik nachvollziehbarerweise zu lösen versucht und warum sie damit nur scheitern kann, wollen wir einerseits die These vom unökonomischen Wachstum plausibel machen und andererseits aufzeigen, warum Alternativen zur Marktwirtschaft unplausibel sind. Wir sind zwei studierte Physiker, die sich seit mehreren Jahren in der wachstumskritischen Bewegung engagieren und dort gut vernetzt sind. Unabhängig voneinander haben wir uns in dieser Zeit intensiv mit ökonomischen, aber auch anderen sozialwissenschaftlichen Themen befasst, weil wir beide merkten, dass im wachstumskritischen Diskurs, aber auch in den Wirtschaftswissenschaften wichtige inhaltliche Lücken zu füllen sind. Vor vier Jahren haben wir dann ein gemeinsames Projekt begonnen, das in mehrere wissenschaftliche Veröffentlichungen mündete: Wir wollten die Frage nach dem Wachstumszwang kapitalistischer Ökonomien auf einer soliden wissenschaftlichen Grundlage umfassend beantworten. Damals ahnten wir noch nicht, dass uns dieses Projekt weit über die Ursprungsfrage hinausführen würde.

## 1.2 Besteht ein Wachstumszwang?

Unser Anliegen war also zunächst die Untersuchung des Phänomens »Wachstumszwang«. Auf politischer Ebene lässt Wachstumszwang an einen Mechanismus denken, der sich – einmal in Gang gekommen – nicht mehr stoppen lässt, was sich mit der allgemeinen Vorstellung von Politik als bewusster gesellschaftlicher Gestaltung kaum vereinbaren lässt. Unterliegt nicht alles Soziale und Ökonomische letztlich unserem politischen Gestaltungswillen? Wir meinen: nein. Es gibt unserer Auffassung nach fundamentale Gerechtigkeitsnormen, die nicht übergangen werden können und die von jeder Politik respektiert werden müssen. Diese Normen werden als Fakten offen oder stillschweigend vorausgesetzt. Insofern ist Politik nicht frei, die gesellschaftlichen Beziehungen beliebig zu gestalten, und daher kann Politik Zwängen unterliegen.

Wir versuchen zu zeigen, dass die meisten Theorien zu vermuteten Wachstumszwängen inhaltlich nicht überzeugen können. Man könnte unsere Analyse so zusammenfassen: Ja, es gibt Wachstumszwänge, aber es sind wenige und nicht die, welche üblicherweise verdächtigt werden. Wir werden darlegen, warum wir den Umgang mit natürlichen Ressourcen als Hauptproblem ansehen.[2] Deren massive Nutzung mithilfe von Technologie ist einerseits maßgeblich für die ökologische Zerstörung verantwortlich, andererseits auch für das sozialpolitische Dilemma durch technologische Arbeitslosigkeit. Daneben gibt es weitere Faktoren, die von Wachstumszwängen in Gang gehalten oder sogar verschärft, aber nicht verursacht werden. Dennoch ziehen sie die wissenschaftliche und mediale Aufmerksamkeit viel stärker auf sich und lenken somit von den tieferen Ursachen ab. Das, was wir als tiefere Ursachen ansehen, kann man mit guter Berechtigung als rein *ökonomisches* Problem betrachten. Dementsprechend versuchen wir, eine ökonomische Ursachenforschung und ökonomische Lösungen für dieses Problem zu liefern. Das bedeutet gleichzeitig, Probleme und Auswege weniger auf der individuellen oder kulturellen Ebene zu suchen. Ohne Veränderungen der ökonomischen Rahmenbedingungen wird ein Ausweg aus dem Dilemma nicht gelingen. Dabei erfolgt unsere Analyse relativ »klassisch« innerhalb bestehender ökonomischer Theorien zu Marktwirtschaft, Produktion, Handel und Konsum. Allerdings haben auch diese Theorien charakteristische Schwächen und blinde Flecken oder sogar Glaubenssätze, womit sie sich selbst für ein besseres Verständnis des Wachstumsparadigmas im Wege stehen (sofern sie ein solches Verständnis überhaupt anstreben).

Warum wird einem ökonomischen Wachstumszwang bisher nicht politisch begegnet? Weil er schlicht nicht erkannt wurde, und das

---

2 Wir verwenden den Begriff »Ressourcen« in der Regel im Sinne von »ökonomisch nützliche Rohstoffe«, vor allem »nicht erneuerbare Rohstoffe«.

wiederum hängt durchaus mit einer kulturellen Prägung zusammen. Nicht nur ökonomische Theorien, sondern auch Gesellschaften haben Glaubenssätze. Es gibt einen breiten Konsens, dass Phänomene wie die Globalisierung oder technischer Fortschritt nicht aufzuhalten seien und dass soziale Errungenschaften wie der Freihandel und wirtschaftliche Offenheit auf keinen Fall preisgegeben werden dürften. Digitalisierung, Industrie 4.0 und das Internet der Dinge würden unausweichlich immer mehr Investitionen in Maschinen, Infrastruktur und Bildung erfordern. Diese Entwicklungen werden von einer überwältigenden Mehrheit als politisch nicht beeinflussbar angesehen, sodass »Anpassen und Mithalten« als einzig mögliche politische Antwort erscheinen.

## 1.3 Wie kann eine gerechte Wirtschaftsordnung aussehen?

Wir wollten aber nicht beim Phänomen Wachstumszwang stehen bleiben, denn eigentlich ist ein Wachstumszwang »nur« der Spezialfall eines übergeordneten Themas: Wie kann eine gerechte Wirtschaftsordnung aussehen? Müssen wir dazu Wirtschaft wirklich neu denken, wie viele meinen? Die Analyse von Wachstumszwängen führte uns fast zwangsläufig dazu, über die ideellen Grundlagen von Marktwirtschaft nachzudenken.

Es geht ja nicht nur um die mangelnde *inhaltliche* Plausibilität vermuteter Wachstumszwänge und vorgeschlagener Gegenmaßnahmen. Auf alle möglichen Ursachen auch *politisch* einzugehen birgt die Gefahr eines punktuellen Staatsinterventionismus auf der Ebene von Einzelgesetzen und Ordnungsrecht mit entsprechendem gesellschaftlichen Konfliktpotenzial und vielfältigen individuellen Umgehungsmöglichkeiten. Unsere Analyse mutmaßlicher Wachstumszwänge ergab, dass nur wenige entscheidende Faktoren moderne Marktgesellschaften destabilisieren – und dass diese, im Sinne einer »Hierarchie der Ursachen«, von Neben- oder Folgeursachen (Symptomen) abgegrenzt werden können. Heute wird vor allem an den

Symptomen laboriert. Unsere Erkenntnisse ermöglichen stattdessen Politikvorschläge, mit denen wenige, aber effektive Regeln auf der Ebene der Wirtschaftsordnung etabliert werden können. Damit sollen Marktwirtschaften verbessert statt überreguliert oder überwunden werden.

Unser gedanklicher Ausgangspunkt ist, dass Marktwirtschaft grundsätzlich ein erfolgreiches ökonomisches und soziales Modell ist. Wir leiten her, warum unser Wirtschaftssystem berechtigte Ansprüche wie Gerechtigkeit, Fairness oder Nachhaltigkeit derzeit nicht erfüllt, jedoch in einer besseren Wirtschaftsordnung erfüllen könnte, dass also kein grundsätzlicher Wechsel des Wirtschafts*systems* erforderlich ist, um zu einer ökonomisch leistungsfähigen, sozial gerechten und ökologisch tragfähigen Gesellschaft zu kommen. Man könnte auch sagen: Wir leben nicht in einer Marktwirtschaft, sondern im Kapitalismus, aber wir könnten zu einer Marktwirtschaft gelangen, einer brillanten sozialen Innovation, die alle Mühen wert ist.[3]

Die wichtigste ideelle Grundlage von Marktwirtschaft ist die sogenannte Leistungsgerechtigkeit, oft auch als Leistungsprinzip bezeichnet: »Wer mehr leistet, soll auch mehr Geld verdienen.« Wir werden zeigen, dass dieses Leistungsprinzip vielfach missverstanden wird, von seinen Befürwortern wie von seinen Kritikern, und dass gerade die Vertreter eines wirtschaftlichen Liberalismus völlig falsche Vorstellungen davon haben, wo heutzutage das Leistungsprinzip verletzt wird. Wenn das Leistungsprinzip die Formulierung eines fundamentalen Gerechtigkeitsprinzips ist, dann sind leistungslose Einkommen für Marktwirtschaften ein Problem, vielleicht sogar das Problem schlechthin. Die Suche nach einer gerechten Wirtschaftsordnung könnte damit bedeuten, nicht das bestehende System infrage zu stellen, sondern innerhalb des Systems nach den Quellen leistungsloser Einkommen zu suchen und Vorschläge zu unterbreiten, wie man sie trockenlegen kann. Genau das haben wir getan und

3 Die Begriffe »Marktwirtschaft« und »Kapitalismus« sind als »Kampfbegriffe« so facettenreich und umstritten, dass man sehr genau erläutern muss, was man jeweils meint. Wir werden das im Verlauf des Buches deutlich machen.

möchten die drei aus unserer Sicht wichtigsten Quellen erläutern: Technologie und ihr Ressourcenverbrauch, Bodenrenten sowie die Akkumulation von Kapital. Ein viertes Thema ist, welche Rolle das Geldsystem spielt.

Dies sind für uns die vier Brennpunkte der Marktwirtschaft, an denen sie ihren eigenen Ansprüchen nicht gerecht wird. Uns geht es nicht so sehr um die vielfältigen aktuellen und zurückliegenden Krisen und Blasen des Kapitalismus, die von anderen bereits treffend analysiert worden sind, sondern um seine inhärenten, eher unauffälligen Schieflagen. Es gibt eine Schieflage zugunsten von Investitionen und Mehrverbrauch und eine Schieflage der Einkommens- und Vermögensverteilung zugunsten bestimmter Akteure. Wir wollen sozusagen ein bis zwei Ebenen tiefer analysieren als bisher üblich und auf diese Weise neue Aspekte in die gesellschaftliche Diskussion einbringen. Wir werden zeigen, dass für den Erfolg von Technologie weniger die innovativen Ideen ihrer Entwickler verantwortlich sind als die Möglichkeit, mit ihrer Hilfe teure menschliche Arbeit durch preiswerten Ressourcenverbrauch zu ersetzen. Mithilfe von Technologie werden letztlich die Leistungen natürlicher Rohstoffe am Markt als eigene Leistungen ausgegeben, und damit wird eine spürbare Schieflage der Einkommensverteilung zugunsten der technischen Berufe erzeugt. Wir werden darlegen, dass Erträge aus Immobilien immer dort leistungslose Einkommen sind, wo der Immobilienwert vor allem an die Lage gekoppelt ist, einen gesellschaftlich geschaffenen Wert, der auf private Rechnung verkauft wird. Schließlich stellen wir dar, wie große Konzerne und Privatvermögen mit ihrer fast unbegrenzten wirtschaftlichen Macht beständig den Wettbewerb aushebeln. Obendrein wirken sie auf die politische Sphäre ein, um zu erreichen, dass sie sich eben nicht den Marktbedingungen stellen müssen, sondern stattdessen von der Politik einen Wunschmarkt gestaltet bekommen, auf dem sie dann leistungslose Erträge erzielen können. Auch die problematische Sonderrolle, welche die ungeschickte Organisation des Geldsystems spielt, wird Thema sein – nicht als eigenständige Quelle leistungsloser Einkommen, sondern indem es alle drei genannten Mechanismen verstärken kann.

Wir konnten bei unseren Analysen auf zahlreiche wissenschaftliche und politische Arbeiten zu den einzelnen Themen zurückgreifen. Eine neue Ressourcenpolitik, eine leistungsgerechtere Behandlung von Einkommen und Vermögen sowie eine explizite Begrenzung wirtschaftlicher Macht erscheinen uns als naheliegende, für politische Demokratien gut gangbare Auswege zur Entschärfung der Dilemmata. Zudem zeigen wir auf, wie das Geldsystem stabiler und transparenter gestaltet werden kann. Auch wenn manche dieser Maßnahmen sehr weitreichend sind, halten wir sie für realistisch, da sie nicht das Entstehen völlig neuer gesellschaftlicher Logiken voraussetzen. Wir gehen nicht von einer beliebigen Veränderbarkeit von Menschen aus, sondern möchten gesellschaftliche Institutionen derart anpassen, dass sie weitverbreiteten Gerechtigkeitsvorstellungen besser Rechnung tragen. Unsere Vorschläge sind völlig systemkonform, wenn man damit nicht das real existierende System meint, sondern seine eigentliche ideelle Grundlage. Wir glauben, dass es möglich ist, mit wenigen politischen Eingriffen mehrere Probleme gleichzeitig zu lösen und dabei Marktwirtschaften nicht nur zu verbessern, sondern auch freiheitlicher zu gestalten.

Dieses Buch richtet sich an Menschen mit gesellschaftspolitischem Interesse und ohne ökonomisches Vorwissen. Für ökonomisch Vorgebildete wird möglicherweise einiges bekannt sein, aber auch sie werden bestimmt interessante neue Erkenntnisse gewinnen können. Hartnäckige Befürworter von Wachstum oder unregulierten Märkten sowie anderweitig ideologisch Festgelegte werden wir vielleicht weniger überzeugen können. Aber wir richten uns explizit an alle, die guten Willens sind, echtes Erkenntnisinteresse haben und bereit sind, etwas scheinbar Undenkbares zumindest zu denken.

Kapitel 2

# Gute Marktwirtschaft, böse Marktwirtschaft

Marktwirtschaft hat als Wirtschaftssystem weltweit einen Siegeszug angetreten und ist dabei, traditionelle Wirtschaftsformen und andere Wirtschaftssysteme vollständig zu verdrängen. Zentral verwaltete Wirtschaftssysteme gelten weithin als gescheitert, weil sie die wirtschaftliche Koordination großer Gesellschaften nicht gewährleisten konnten. Direkte persönliche Austauschformen haben weiterhin im Kleinen ihren Platz, aber es bedarf anscheinend eines anderen Koordinationsmechanismus, wenn Menschen in großem Maßstab miteinander in Austausch treten wollen. In diesem Kapitel wollen wir darlegen, warum die marktwirtschaftliche Organisation diese Aufgabe besonders gut erfüllen kann, obwohl sie auf den ersten Blick vielleicht ebenfalls nach einem gescheiterten Modell aussieht. Aus unserer Sicht ist jedoch nicht die Marktwirtschaft gescheitert, sondern der Kapitalismus.

## 2.1 Die soziale Utopie von Marktwirtschaft

Man könnte Marktwirtschaft als eine noch nicht realisierte soziale Utopie betrachten, darin anderen sozialen Utopien ähnlich. Ihre wissenschaftliche Formulierung findet man in jedem volkswirtschaftlichen Lehrbuch unter dem Titel »Neoklassische Theorie« oder kurz »Neoklassik«, die man insofern als utopische Theorie bezeichnen könnte, auch wenn die meisten ihrer Vertreter und die Lehrbuchautoren wohl nicht zustimmen würden. Nicht wenige Kritiker werfen der Neoklassik vor, die kapitalistische Ökonomie nicht angemessen beschreiben zu können. Dieser Vorwurf ist berechtigt, denn einige Konzepte der neoklassischen Theorie stellen eher eine Karikatur realer sozioökonomischer Beziehungen dar, und manche der erlebten Krisen und Blasen haben die Neoklassik und ihre Spielarten sehr blass aussehen lassen. Viele andere ökonomische Theorieschulen haben sich aufgemacht, die kapitalistische Ökonomie besser zu beschreiben.

Wir brauchen aber eigentlich keine Theorie, die den Kapitalismus besser beschreibt, sondern eine Politik, die ihn überwindet. Der politische Auftrag könnte also lauten, die Neoklassik nicht als schlechte Theorie, sondern als guten Forderungskatalog zu betrachten und auf die Geltung ihrer Konzepte *hinzuarbeiten* – also die Realität der Theorie anzupassen. Vollkommene Märkte, perfekter Wettbewerb, Leistungsgerechtigkeit und die Neutralität des Geldes sind in dieser Sichtweise wünschenswerte Ziele, die man vielleicht nicht perfekt, aber doch erheblich besser realisieren könnte, als dies heute der Fall ist.

Wir versuchen in den nachfolgenden Kapiteln zu zeigen, dass die Entwicklung von Märkten über viele Jahrtausende hinweg keineswegs eine zufällige war, sondern dass ihr Verlauf eine gewisse Zwangsläufigkeit besitzt – nicht im Sinne einer Vorherbestimmtheit, sondern als evolutionärer Prozess, in welchem Menschen versucht haben, dem primären Gerechtigkeitsprinzip »Verdienst« in anonymen Gesellschaften Geltung zu verschaffen. Das ist der eigentliche Unterschied zwischen der Utopie der Marktwirtschaft und anderen sozialen Utopien, die Gerechtigkeitsprinzipien wie Gleichheit oder Bedarf in den Vordergrund stellen oder Wirtschaft vor allem unter dem Aspekt demokratischer Mitbestimmung betrachten. Sie landen in der Regel bei sehr komplizierten Modellen, die kaum auf individuelle Selbststeuerung setzen können, sondern aufwendige Planungen, Beteiligungsformen oder Bilanzierungen erfordern. Dadurch können sie weder Einfachheit, Robustheit noch Effizienz gewährleisten, die aber für eine gerechte Wirtschaft auch wichtig sind. Wir werden darlegen, warum Marktwirtschaft *systematisch* besser grundlegende Gerechtigkeitsnormen und nachvollziehbare Effizienzanforderungen erfüllen kann als andere Modelle. Insofern stellt ihre Utopie ein lohnendes Ziel dar, welchem man sich annähern sollte.

## 2.2 Marktwirtschaft in der Theorie ...

Menschen erschaffen Dinge und führen Tätigkeiten aus, die nicht selbstverständlich sind und die sie und andere für wertvoll halten – aus welchen Gründen auch immer. Diese geschaffenen Güter – zu denen auch alle Dienstleistungen gehören – werden nicht nur erzeugt, sondern auch weitergegeben, getauscht, verkauft, gehortet, verbraucht.[4] Letztlich ist Verbrauch der einzige Sinn von Gütererzeugung: »Consumption is the sole end and purpose of all production« (Adam Smith). Die Wirtschaftswissenschaft nennt Güter, die man produzieren muss, knapp, womit sie nicht generellen Mangel meint, sondern lediglich, dass diese Güter nicht vom Himmel fallen. Für sie muss Aufwand betrieben werden, und insofern konkurrieren sie miteinander, denn der Tag hat nur 24 Stunden, und alle Mittel sind begrenzt. Geld spielt im Prozess der Güterproduktion eine wichtige Nebenrolle als Vermittler, es bezieht seinen Wert ausschließlich (!) aus der Möglichkeit, die Leistungen anderer in Anspruch zu nehmen. In einer Ökonomie dreht sich alles um Güter und Leistungen und nicht etwa um Geld, allerdings haben verschiedene ökonomische Denkschulen verschiedene Ansichten, welche Rolle Geld genau spielt.

Die Wirtschaftswissenschaften versuchen, den Kreislauf der Güter und Leistungen durch die dabei fließenden Geldströme zu beschrei-

4 Der Begriff »Güter« lässt zunächst nur an Dinge denken, die man in »Güterwaggons« transportieren kann. Aber auch ärztliche Behandlungen, Versicherungen oder Frieden sind Güter. Letztlich ist mit Gütern alles gemeint, was nützlich ist (also »gut für etwas«). Ein anderer, kaum weniger mehrdeutiger Begriff ist »Leistung«, der sowohl im Sinne eines erzielten Ergebnisses als auch des dafür betriebenen, möglichst geringen Aufwandes verwendet wird. Mit Leistungen sind letztlich alle nützlichen Ergebnisse gemeint, die Menschen ihrem Tun zuschreiben und für die sie Urheberschaft beanspruchen, und »mehr Leistung« kann sowohl mehr Ergebnis als auch weniger Aufwand bedeuten.

ben. Sie nehmen an, dass die Preise im Mittel eine gute Näherung für die Wertschätzung der Menschen darstellen, denn – so der Grundgedanke – alles Wertvolle ist knapp, und Menschen können nicht alles gleichzeitig leisten. Angebot und Nachfrage lenken daher die begrenzte Schaffenskraft der Menschen über die Preise auf die wirklich wertgeschätzten Dinge, und Geld ist das Medium, mit dem über den Wert von Leistungen kommuniziert wird. Ein besonderer Clou: Diese Kommunikation funktioniert auch in einer anonymen Gesellschaft mit sehr spezialisierten Berufen, deren Produkte und Dienstleistungen, isoliert betrachtet, fast wertlos sind, weil sie nur schmale Zwischengüter entlang einer Kette darstellen. Das eigentliche Wunder ereignet sich am Ende der Kette, wenn aus Dutzenden preiswerter Vorprodukte ein preiswertes Endprodukt zusammengestellt wird und die einzelnen Hersteller kaum je miteinander gesprochen haben. So betrachtet, ist »Ökonomie« eigentlich nichts anderes als ein großer Beratungsprozess, eine tägliche Abstimmung: Wer soll heute was genau machen, damit es uns allen gut geht? Ein riesiger Kommunikationsprozess zwischen Unbekannten, der das geradezu größenwahnsinnige Ziel hat, die Handlungen jedes Einzelnen optimal zu steuern (und dabei die unerlässliche Fiktion individueller Freiheit aufrechtzuerhalten).

Nach Ansicht der meisten Ökonomen lässt sich für diesen Kommunikationsprozess das individuelle Gewinnstreben instrumentalisieren, welches gewissermaßen als unbeabsichtigten Nebeneffekt den Wohlstand der Gesellschaft zur Folge hat. Adam Smith' berühmte »unsichtbare Hand des Marktes« besagt nichts weiter, als dass sich individueller Gewinn vor allem mit Gütern erzielen lässt, die gefragt sind – das sind aber gerade diejenigen Güter, die den Wohlstand der Gesellschaft ausmachen. Einer der Kernpunkte der Theorie ist, dass Marktstrukturen immer zum Gleichgewicht tendieren, dass also der Preismechanismus für eine Angleichung von Angebot und Nachfrage sorgt. Es wird nicht mehr und nicht weniger angeboten, als auch gekauft wird, der Markt wird »geräumt«. Privatwirtschaftlicher Marktwirtschaft wird also eine besondere Effizienz unterstellt. Mit geringem Aufwand, aber großer Treffsicherheit sorgen die Mechanismen von Angebot und Nachfrage, Geld und Preis, Kredit und Zins für die optimale Verteilung der knappen Ressourcen wie Rohstoffe, Kapital und Arbeitskraft, sodass es keine andere Verteilung gibt, welche die Menschen noch besser stellen würde. So weit die Theorie.

## 2.3
## ... und in der Praxis

Die Praxis sieht erfahrungsgemäß anders aus. Soziale Ungerechtigkeit, ökologischer Raubbau, entfremdete Arbeit, Lobbyismus, Korruption und Gier sind nur einige der wahrgenommenen Schattenseiten von Marktwirtschaft. Durch Privatisierung der Gewinne bei Vergesellschaftung der Kosten tritt der »unsichtbare Fuß des Marktes« (Herman Daly) die Gemeingüter in Stücke, und viele Kritiker halten die offensichtlichen Ungerechtigkeiten, die es in Marktgesellschaften gab und gibt, für einen Ausdruck *marktwirtschaftlicher* Prinzipien. Wettbewerb, Gewinnmaximierung, Zins oder abhängige Lohnarbeit werden als Konsequenzen der historischen »Entbettung« der Ökonomie aus ihrem sozialen Kontext betrachtet (Karl Polanyi), mit der Folge einer sozialen Verwahrlosung der ökonomischen Beziehungen. Wir werden im Verlauf des Buches darlegen, dass dies Gerechtigkeitsverletzungen sind, die mit marktwirtschaftlichen Prinzipien gar nichts zu tun haben. Marktwirtschaft ist nicht per se ungerecht, so wie andere ökonomische Systeme nicht per se gerecht sind. Eher hat es den Anschein, dass Marktwirtschaft wegen der Beharrlichkeit, mit der bestimmte Ungerechtigkeiten wieder und wieder auftreten, praktisch nicht reformierbar zu sein scheint. Wir werden am Ende des Buches noch einmal darauf eingehen.

An dieser Stelle ist es wichtig, der glänzenden marktwirtschaftlichen Theorie zwei verschiedene Lesarten der deutlich banaleren Praxis gegenüberzustellen. Erstens eine wohlwollende Lesart, welche das idealisierte Bild der Theorie herunterbricht auf eine bestmögliche, realistische Praxis *innerhalb* des theoretischen Modells. Zweitens eine kritische Lesart, die sich mit jenen teilweise obszönen

Aspekten befasst, die bereits dem Modell der Marktwirtschaft widersprechen. Wenn man einfach nur analysiert, was in der real existierenden Marktwirtschaft alles schiefgeht, ohne diese Differenzierung zu machen, kann man eigentlich nur zu dem Schluss kommen, dass das ganze Modell nichts taugt.

Letztlich steckt hinter der wohlwollenden Lesart von Marktwirtschaft die Erkenntnis, dass Wirtschaft nicht zentral gesteuert werden kann, wie das beispielsweise die staatssozialistischen Modelle versucht haben. Eine zentrale Steuerung bedeutet unter anderem die überregionale Zuteilung von Rohstoffen an Betriebe, die Bestimmung von Produktionsmengen (die berühmt-berüchtigten sozialistischen Pläne), die Festsetzung von Verkaufspreisen und Löhnen, die Entscheidung über Standorte von Betrieben und Verkaufsstellen und so weiter. Planwirtschaft ist übrigens kein Monopol der Linken: Die nationalsozialistische Kriegswirtschaft in Deutschland war eine Planwirtschaft par excellence.

Ursprung der planwirtschaftlichen Idee war die Wahrnehmung einer großen Verschwendung im Kapitalismus. Dem theoretischen Anspruch von Marktwirtschaft, immer effizient zu sein, widersprach offensichtlich, dass in der Praxis Projekte scheitern, Produkte am Markt vorbei entwickelt werden, Konzerne in Bürokratie ersticken oder Unternehmen pleitegehen und ihre Kapitalausstattung wertlos wird. Man vermutete, dass es wohl daran lag, dass verschiedene Anbieter in einen ruinösen Wettbewerb treten, mit hohem Aufwand letztlich das Gleiche machen, viel Geld in doppelte Entwicklung und – schlimmer noch – in unproduktive Werbung stecken und sich gegenseitig das Leben schwer machen. Wie viel zielgerichteter könnte da doch eine zentrale Planung sein und all die Ineffizienzen des Kapitalismus mit seiner Konkurrenz vermeiden!

Genau das Gegenteil ist allerdings eingetreten, denn eine zentrale Planung erwies sich erstaunlicherweise als noch *viel* ineffizienter. Sie war und ist viel zu unflexibel und kann weder die betrieblichen Situationen vor Ort angemessen berücksichtigen noch die Wünsche der Menschen erfüllen, die sich nicht in einfache Schemata pressen lassen. Menschen mit ihren Wünschen und Entscheidungen über Anschaffungen, Ausbildungen, Umzüge, Hochzeiten oder Kinder reagieren auf ihre wirtschaftlichen Bedingungen genauso flexibel wie Betriebe. Sie haben Budgets, das heißt, sie können jeden Euro nur einmal ausgeben und insgesamt nicht mehr, als sie verdienen oder verdienen werden. Das Ergebnis sind Nachfrageveränderungen, für die eine zentrale Planung keine brauchbare Handhabe bietet. Sie kann nicht einmal eine Grundnachfrage bestimmen, weil es so etwas nicht gibt. Ob jeder Haushalt eine Waschmaschine »braucht«, hängt sehr davon ab, was sie kostet, was sie leistet und was man mit seinem Geld und seiner Zeit sonst noch machen kann. Wo in der Marktwirtschaft ein Betrieb umdisponieren kann, den Zulieferer wechselt, teurer einkauft, um einen Engpass zu überbrücken, oder weiß, wo noch finanzielle Spielräume sind, ist in einer Zentralwirtschaft alles auf absehbare Zeit festgelegt – und keiner der Beteiligten wird auf diese Planung, seine letzte Sicherheit, auch noch verzichten wollen, wenn plötzlich Änderungen notwendig werden. Es kommt zu Materialmangel wegen unzureichender Koordination, zum Horten von Material und Konsumgütern, wenn sie denn einmal erhältlich sind, zu mühsamen direkten Tauschgeschäften und zu Absurditäten bei der Planerfüllung, wenn beispielsweise möglichst schwere Einzelstücke produziert werden, weil der Gesamtausstoß der Fabrik in Tonnen vorgegeben ist (»Tonnenideologie«). Es wächst die Neigung zum Widerstand und zu Eigengesetzlichkeiten. Letztlich funktioniert der übergreifende Kommunikationsprozess nicht, der notwendigerweise kleinteilig, schnell und flexibel sein muss.

Dabei gilt, dass reine Planwirtschaft und reine Marktwirtschaft die nie realisierten Pole eines Spektrums sind. Jedes Unternehmen untersteht einer zentralen Führung und ist für sich genommen eine kleine Planwirtschaft, und keine Planwirtschaft hat jemals auf marktwirtschaftliche Elemente verzichtet. Der Kommunikationsprozess innerhalb eines Unternehmens kann kleinteilig, schnell und flexibel sein, weil die Kooperation gut eingespielt ist, viel Vertrauen beinhaltet und auf bestimmte zu produzierende Güter fokussiert ist. Nur lässt sich das in dieser Form nicht auf die Größenordnung einer Volkswirtschaft ausdehnen – man muss stattdessen unabhängige

Untereinheiten schaffen, eben Unternehmen, die relativ eigenständig und damit effizient agieren können, so wie man auch in einem Unternehmen Mitarbeiter nicht zu Befehlsempfängern degradieren kann.

Wie muss nun der Kommunikationsprozess der Unternehmen untereinander sowie mit den Konsumenten gestaltet sein? Direkte Abstimmungen zwischen den Marktbeteiligten (Gespräche, Telefonate etc.) sind viel zu aufwendig und unspezifisch, wenn sie zum Ziel haben, notwendige Mengen zu bestimmen. Stattdessen hat sich dank Geld als sozialer Innovation ein indirekter Kommunikationsprozess entwickelt, bei dem Anbieter und Nachfrager gewissermaßen vorsichtig tastend den Markt ausloten: Die einen bieten Güter zu bestimmten Preisen an, die anderen stimmen durch Kauf oder Nichtkauf über das Preis-Leistungs-Verhältnis dieser Güter ab. Dieser Prozess ist niemals beendet und muss es auch nicht sein, denn er kann über Mengen-, Preis- und Qualitätsanpassungen ständig reguliert werden. Diese Anpassungsprozesse finden wiederum auf beiden Seiten statt, bei Anbietern und Nachfragern. Für praktisch alle Güter des täglichen Bedarfs hat sich dadurch im Laufe der Zeit eine hohe Berechenbarkeit sowohl der nachgefragten Mengen als auch der akzeptierten Preise ergeben, sodass man mit guter Berechtigung von Gleichgewichten und Markträumung sprechen kann. Es ist absolut irrig anzunehmen, dass ein solches Ergebnis jemals mit umfassender zentraler Planung erreicht werden könnte.

So viel zunächst zur wohlwollenden Lesart des genial einfachen Koordinationsmechanismus Marktwirtschaft. Allerdings erleben wir gleichzeitig eine Ökonomie, die nicht annähernd diesem geradezu harmonischen Bild entspricht. Wir erleben eine beispiellose Naturzerstörung im Namen der Rohstoffgewinnung, der Nahrungsmittelversorgung, der Steigerung des Lebensstandards – ja mittlerweile sogar im Namen des Klimaschutzes. Wir überschreiten zahlreiche planetarische Grenzen, die meisten davon liegen jenseits des engen politischen Fokus auf Treibhausgasen, sind aber deshalb kaum weniger brisant. Wir erleben Immobilienpreisexplosionen in dicht besiedelten Regionen, vor allem in den Städten, und für viele der historischen ökonomischen Krisen war das Platzen einer Immobilienblase der Auslöser. Wir erleben obszönen Reichtum und beschämende Armut dicht nebeneinander. Wir erleben einen befremdlichen Konsumismus und aggressive Versuche der Anbieter, ihre Produkte jedem aufzudrängen – teilweise bereits in der Schule. Lebensmittel verderben in Läden und Haushalten, neuwertige Produkte werden aus dem Handelslager heraus verschrottet, weil sie veraltet sind. Wir erleben Industrien von »nationaler Bedeutung«, Banken *too big to fail*, Machtzentren der digitalen Industrie und entgrenzten Lobbyismus. Wir erleben milliardenschwere Subventionen für fragwürdige Branchen und Produkte. Wir erleben *Panama Papers*, *Luxemburg Leaks* und die Steuervermeidung internationaler Konzerne. Wir erleben seit Langem und weltweit substanzielle Arbeitslosigkeit, und in den Industrieländern wird die Erosion sozialversicherungspflichtiger Beschäftigungsverhältnisse beklagt. Industrie 4.0, das Internet der Dinge und der Aufstieg des Onlinehandels bedrohen Millionen von Arbeitsplätzen. In den USA sind mittlerweile über 60 Millionen Einwohner auf die Grundversorgung mit Nahrung per *food stamps* angewiesen. Im Mutterland des Kapitalismus mangelt es nicht an Lebensmitteln, sondern an Einkommen, um an den Gütern der Marktwirtschaft teilzuhaben. Weltweit sind Marktwirtschaften (genauer: kapitalistische Wirtschaften) eben auch weit davon entfernt, so etwas wie sozial wünschenswerte Gleichgewichte auszubilden. Auf der anderen Seite erleben wir geradezu verzweifelte Versuche der Politik, mit komplexen Regulierungen wie dem Mindestlohn oder milliardenschweren Subventionen und Sozialausgaben die unerwünschten Nebeneffekte dieser Entgrenzungen abzumildern, sodass die zentrale Planung gewissermaßen durch die Hintertür wieder Einzug hält.

Wie kann man diese beiden Bilder von Marktwirtschaft zusammenbringen? Real sind sie ja beide. Es gibt Bereiche, in denen die geräuschlose Koordination tatsächlich erfolgreich funktioniert, sie liegen deshalb eher außerhalb der öffentlichen Wahrnehmung. Diese fokussiert sich vor allem auf die Problembereiche. Allerdings sind die Menschen durchaus in der Lage, beide Aspekte zu würdigen. So verbinden laut Umfragen des Allensbach-Instituts von 2013 über zwei Drittel der Befragten mit Marktwirtschaft vor allem gelingende

Güterversorgung und Wohlstand, nur 11 % der Befragten kommt Ineffizienz in den Sinn. Für Planwirtschaft sind die häufigsten Assoziationen Bürokratie (80 %), Sicherheit (51 %), soziale Gerechtigkeit (43 %) und Ineffizienz (40 %). Amüsanterweise verbinden je 40 % »gute Güterversorgung« sowie »Mangel« mit einer Planwirtschaft. Mehr als die Hälfte der Befragten denken bei Marktwirtschaft an Gier, Rücksichtslosigkeit und Ausbeutung, während an soziale Gerechtigkeit (12 %) und Menschlichkeit (10 %) kaum gedacht wird. 69 % der Befragten finden die wirtschaftlichen Verhältnisse »nicht gerecht«. International sieht es ähnlich aus: Laut *Pew Research Center* sind in der Hälfte der untersuchten Länder mindestens 66 % der Befragten der Meinung, dass »die meisten Menschen im Kapitalismus besser dran sind«. Die Zustimmung zu dieser Aussage ist besonders groß in Entwicklungsländern und wird in Schwellenländern und entwickelten Staaten geringer. Zugleich werden als zentrale Probleme der heutigen Ökonomie die Schere zwischen Arm und Reich sowie soziale Ungerechtigkeiten wahrgenommen.

Dabei sind – zumindest vordergründig – die Konsumenten selbst die größten Profiteure der Entgleisungen der Marktwirtschaft, was letztlich auch der Grund ist, warum solche Entwicklungen politisch toleriert werden. Die Endpreise im Massenmarkt sind niedrig: für Lebensmittel, für Möbel, für Autos, für Flugreisen. Im Sinne eines materiellen Wohlstandsbegriffes ist das ein guter Indikator. Der klassische »fordistische Gesellschaftsvertrag«[5] funktioniert noch, wenn auch die Vorteile sehr ungleich verteilt sind, wie wir im Verlauf des Buches darlegen werden: Den individuell größten Teil des Kuchens erhalten die Unternehmer oder Anteilseigner sowie eine kleine Führungsschicht. Einen noch sehr ordentlichen Anteil erhalten die qualifizierten Arbeitnehmer, allen voran die technischen Berufe und Branchen. Für die gering qualifizierten Arbeitnehmer sowie jene, die in nicht technischen Branchen arbeiten, bleibt, relativ gesehen, am wenigsten übrig, von den Arbeitslosen ganz zu schweigen. Aber

5 In Anlehnung an die Unternehmensphilosophie von Henry Ford: Die Arbeitgeber zahlen gute Löhne, die Arbeitnehmer revanchieren sich mit dem Massenkonsum ebenjener Produkte, die sie selbst herstellen.

solange die soziale Umverteilung durch den Staat noch einigermaßen funktioniert, kann man noch nicht von einer generellen Erosion dieses stillschweigenden Einverständnisses zwischen Produzenten und Konsumenten sprechen. Der Preis wird an anderer Stelle gezahlt, nämlich mit einer latenten ökonomischen, sozialen und politischen Instabilität sowie dem Ausspielen der ökologischen Frage gegen ökonomische und soziale Prioritäten. Dieser letzte Punkt kann unseres Erachtens in seiner Bedeutung gar nicht genug betont werden: Der ökologische Substanzverzehr hat bedrohliche Ausmaße angenommen und wird dennoch fast ungebremst fortgesetzt, weil man meint, die ökonomische und soziale Substanz auf diese Weise bewahren zu können. Allerdings kann der Wunsch nach ökonomischer Stabilität und sozialer Gerechtigkeit die physische Wirklichkeit auf Dauer nicht aushebeln – es ist eher umgekehrt.

## 2.4 Die entscheidende Frage

Aus unserer Sicht ergibt sich aus den beiden Lesarten die entscheidende Frage: Sind die positiven wie negativen Aspekte heutiger Marktwirtschaften untrennbar miteinander verbunden, also zwei Seiten der selben Medaille? Oder lässt sich die wohlwollende Lesart von Marktwirtschaft systematisch abgrenzen gegen ihre selbstzerstörerischen Tendenzen? Man könnte auch sagen: Lässt sich Marktwirtschaft systematisch gegen Kapitalismus abgrenzen? Diese Frage ist wichtig, weil letztlich nur eine konsistente ökonomische Theorie der Politik die richtigen Weichenstellungen ermöglicht. Die Ökonomie ist nun einmal die wichtigste soziale Arena. Ökonomie ist nicht alles, aber ohne eine funktionierende Ökonomie ist alles nichts. Allerdings kennt auch die ökonomische Theorie Moden, und wir haben sogar in den westlichen Industriestaaten nach dem Zweiten Weltkrieg einige davon erlebt – von sozialer Marktwirtschaft über keynesianische Makrosteuerung bis zu einem neoliberalen Rückbau des Sozialstaats. Einige fordern, wir müssten in Deutschland zum »Korporatismus« der sozialen Marktwirtschaft in den 1960er-Jahren zurückkehren, zu starken Gewerkschaften, moderaten Arbeitgebern und einem vermittelnden Staat, wo die Beteiligten zumindest über die großen Linien im Konsens waren (»Rheinischer Kapitalismus«). Aber mit solchen eher intuitiv ansetzenden Forderungen wird man der aktuellen Problemlage nicht gerecht, zumal der Konsens damals wie heute »Wachstum« heißt. Auch die soziale Marktwirtschaft hat nie richtig funktioniert: Zwar ermöglichte sie nach dem Zweiten Weltkrieg vordergründig Massenwohlstand und eine relative Gleichheit, basierte aber bereits damals auf falschen Voraussetzungen, sowohl ökologisch als auch gesellschaftspolitisch.

Wir können uns der dringenden Aufforderung nicht länger entziehen. Es muss erneut der Versuch unternommen werden herauszufinden, was eine gerechte Wirtschaftsordnung eigentlich bedeutet, auch wenn dazu scheinbar schon alles gesagt wurde. In gewisser Weise stimmt das auch, aber Theoriebildung bedeutet oft nicht mehr, als das bereits Gesagte neu zu sortieren, neu zu gewichten und Erfahrungen neu auszuwerten. Die von uns vorgestellten Analysen und vorgeschlagenen Politikmaßnahmen sind nicht neu, teilweise sogar sehr alt. Aber sie standen all die Jahre neben vielen anderen, oftmals völlig gegensätzlich begründeten Analysen und Maßnahmen im Diskurs, als eine Option unter vielen.

Wir werden hingegen erläutern, warum die Idee der Leistungsgerechtigkeit tatsächlich *die* zentrale Gerechtigkeitsnorm moderner Marktgesellschaften ist (und sein soll) und dass leistungslose Einkommen einen guten Ausgangspunkt für die Identifikation von Ungerechtigkeiten darstellen. Die Herausforderung wird vor allem darin bestehen, eine angemessene Antwort auf die Frage »Was ist eigentlich Leistung?« zu finden. Mit dem Leistungsprinzip als einheitlichem Maßstab lassen sich aktuell und historisch vorgeschlagene Politikmaßnahmen bewerten – und entsprechend viele auch verwerfen. Wir schaffen also Klarheit im Diskurs und reduzieren unübersehbar viele Optionen auf wenige zielführende. Das ist natürlich auch nicht neu, weil ökonomische Theorien, Ideologien und Utopien genau das immer wieder versucht haben. Aus unserer Sicht haben sie jedoch entweder das falsche Gerechtigkeitsprinzip in den

Vordergrund gestellt oder den Begriff der ökonomischen Leistung unterbelichtet gelassen.

Wir werden den ökonomischen Kreislauf mithilfe des Leistungsprinzips auf eine Weise interpretieren, mit der wir gut an die ökonomischen Intuitionen und Gerechtigkeitsvorstellungen der meisten Menschen anschließen können. Ökonomische Theorie ist hier nicht trocken oder abstrakt, sondern höchst anschaulich, eine unverzichtbare Voraussetzung für den politischen Diskurs. Wenn wir nicht ein gemeinsames, anschauliches (!) Verständnis von Kernbegriffen der ökonomischen Theorie wie Gewinn, Wettbewerb oder Geld haben, fehlt uns die Basis für eine Verständigung. Wie wichtig das ist, wird bereits daran deutlich, dass für die einen Gewinnmaximierung völlig selbstverständliches menschliches Verhalten ist, für andere dagegen ist sie der Grund allen ökonomischen Übels und Ausdruck einer gesellschaftlichen Fehlentwicklung. Es wird sich zeigen, dass viele Begriffe der ökonomischen Theorie mehrdeutig sind und in der einen Bedeutung eher auf das marktwirtschaftliche Ideal, in der anderen eher auf die real existierende Praxis verweisen.

Nur mit diesen Prämissen lässt sich unseres Erachtens klären, worin ein ökonomischer und politischer Wachstumszwang besteht, der dazu führte, dass als sinnvoll erachtete Politikmaßnahmen für mehr ökologische Nachhaltigkeit bislang nicht oder nur unzureichend umgesetzt wurden. Ohne die Identifizierung dieses Wachstumszwangs bleiben alle politischen Instrumente stumpf.

Zudem gelingt mit dem Begriff der Leistung eine Fokussierung auf die *physischen* Dimensionen von Wirtschaft. Im ökonomischen Prozess geht es nicht primär um Geld und auch nicht um Vorstellungen, Ideen oder Ideologien, sondern um Leistungen und damit vor allem um die Herstellung und Nutzung physischer Güter. Begriffe wie Dienstleistungsgesellschaft oder Wissensgesellschaft lenken davon ab, dass zwar menschliche Arbeit aus der Erzeugung dieser physischen Güter wegrationalisiert wurde, aber lediglich um den Preis eines massiv erhöhten Energie- und Rohstoffverbrauchs. Die Einkommenserzielung ist in Richtung Dienstleistungen verlagert worden, nicht aber die ökonomische Wertschöpfung im substanziellen Sinne.

Wir wollen dazu folgendermaßen vorgehen: Teil II des Buches stellt das idealisierte Konzept von Marktwirtschaft vor, seine soziale Utopie. Zunächst erläutern wir in Kapitel 3 die These vom Leistungsprinzip als zentrale Gerechtigkeitsnorm. Anschließend werden wir in Kapitel 4 die Begriffe des ökonomischen Kreislaufs und damit der sozialen Utopie von Marktwirtschaft mit Leben füllen. Mit diesem Bild einer gerechten Wirtschaftsordnung können wir uns dann in Teil III in den Kapiteln 5 bis 8 gezielt mit den vier Brennpunkten der Marktwirtschaft beschäftigen. Nicht zufällig werden wir dabei alten Bekannten begegnen, die schon immer unter Verdacht standen. In Teil IV werden wir unsere Ergebnisse noch einmal zusammenfassen und in den größeren Zusammenhang einer »ordoliberalen Politik« stellen.

Wir verzichten zugunsten der Lesbarkeit im Fließtext auf Quellenangaben, dafür findet sich am Ende des Buches zu jedem Kapitel ein bibliografischer Essay, in dem wir unsere Wissens- und Ideenquellen offenlegen.

# TEIL II

# Marktwirtschaft als Konzept

## Kapitel 3

# Leistungsprinzip und leistungslose Einkommen

Marktwirtschaft ist gut dazu geeignet, den wirtschaftlichen Austausch zwischen Menschen zu regeln, die keine oder nur schwache direkte persönliche Beziehungen zueinander haben – die also in einer anonymen Gesellschaft leben. Damit bezeichnen wir nicht eine Masse atomisierter, einsamer Menschen, sondern lediglich die Tatsache, dass sich unsere persönlichen Beziehungen auf das relativ kleine Umfeld beschränken, in dem wir uns ständig bewegen, dass aber unser wirtschaftlicher Austausch aus guten Gründen weit darüber hinausgeht. Arbeitsteilung und Spezialisierung zugunsten einer Produktivitätssteigerung führen zu mehr Wohlstand – aber auch zu der Notwendigkeit, den Austausch der so erzeugten Güter zu regeln, um den Interessen aller Beteiligten »gerecht« werden zu können.

Dieser Übergang in die anonyme Gesellschaft ist der Entwicklungsschritt, der unsere soziale Realität heute mehr prägt als alles andere. Die Menschwerdung hat über Jahrtausende hinweg in kleinen Gruppen stattgefunden, wo persönlich kontrollierte Verteilungsmechanismen die Regel waren und sind (beispielsweise die zentrale Verteilung gemeinsam produzierter Nahrungsmittel). Persönliche Kontrolle ist das, was wir immer noch bevorzugen, weil wir diese intuitiv gut verstehen und beherrschen. Allerdings ist sie in größeren, anonymeren Gruppen als Verteilungsmechanismus nicht geeignet – die Verwicklungen von Anspruch und Verpflichtung, Lob und Missbilligung sind sozial sehr aufwendig und gleichzeitig unsicher. Ein marktbasierter Austausch hat sich entwickelt, weil er Wertbeziehungen in der Gruppe objektivieren und Zuteilungsprobleme formalisieren kann. Marktwirtschaft ist also trotz ihrer langen Geschichte für uns noch ein recht junges Feld. Wir mussten sozusagen Tricks finden, wie wir die Aspekte von Gerechtigkeit, die wir in persönlichen Beziehungen mühelos berücksichtigen, in diese anonyme Welt hinüberretten können. Der mit Abstand wichtigste dieser Tricks ist Geld, die mit Abstand wichtigste soziale Norm ist das Leistungsprinzip, welches unter anderem als Eigentum formalisiert wurde. Damit hat man eigentlich alles, was man braucht, um Marktwirtschaft zu erklären.

## 3.1 Reziprozität und Äquivalenz

Das Leistungsprinzip war und ist eine der wichtigsten sozialen Normen überhaupt. Viele halten das Leistungsprinzip für ein Kennzeichen des Kapitalismus, negatives Sinnbild für Erfolgsdruck, überarbeitete Karrieristen und die Abwertung von unbezahlten Tätigkeiten. Aber das Leistungsprinzip ist nicht gleichbedeutend mit Leistungsethos oder Leistungsdruck in einer Gesellschaft, in welcher bezahlte Erwerbsarbeit den einzigen Maßstab für Erfolg und Anerkennung bildet. Auch wenn der Begriff jüngeren Datums ist und seine Verwendung variantenreich, ist das Leistungsprinzip im Kern viel älter. Es besagt ganz schlicht, dass Gerechtigkeit die Äquivalenz (Gleichwertigkeit) von Leistung und Gegenleistung erfordert und dass, wer mehr leistet, auch Anspruch auf mehr Gegenleistung hat. Dieses Phänomen der Reziprozität von Gabe und Gegengabe (Gegenseitigkeit) ist universell, es ist in allen Kulturen und zu allen Zeiten zu finden. In der Soziologie ist dieses Konzept allerdings weitgehend in der ethnologischen Mottenkiste verschwunden, wo es noch als »ritueller Gabentausch in traditionellen Gesellschaften« thematisiert wird. Für die meisten Soziologen und Ökonomen ist Reziprozität kein besonders wichtiges Thema moderner Industriegesellschaften. Sie meinen, bestenfalls sei Reziprozität hier noch im Sinne persönlicher Dankbarkeit oder gegenseitiger Verpflichtung durch Geschenke und Freundschaftsdienste von Bedeutung. Tatsächlich jedoch ist Reziprozität zeitlos und buchstäblich der Kitt, der Gesellschaften zusammenhält, die »Grundwährung allen Soziallebens« (Jonathan Haidt).

Reziprozität beschreibt eine Form der »mentalen Buchhaltung«, welche relativ genau registriert, wer bei wem wie stark in der Schuld steht, inwieweit also Leistung und Gegenleistung ausgeglichen sind oder nicht. Man darf hierbei Leistung und Gegenleistung nicht als einen unmittelbaren und transparenten Tauschvorgang betrachten. Entwicklungsgeschichtlich ist eher das Gegenteil der Fall gewesen: Man verzichtete bewusst darauf, quitt zu sein, und ließ die Verpflichtung zur Gegenleistung diffus, um die soziale Austauschkette nicht abreißen zu lassen. Erst Geld und Märkte haben zu einer umfassenden Etablierung von Tausch im engeren Sinne geführt, aber weiterhin gibt es eine Vielzahl von Mechanismen einer »generalisierten Reziprozität«, die Geber und Empfänger von Leistungen sowohl räumlich wie auch zeitlich relativ weit trennen kann. Institutionen wie die Sozialversicherung sind streng reziprok, auch wenn viele Menschen mehr einzahlen, als sie zurückerhalten. Selbst soziales Engagement ist mit der Erwartung verbunden, dass wir auf die eine oder andere Weise (indirekt) davon profitieren. Man nennt das dann nicht mehr Tausch, sondern »soziale Verpflichtung« oder auch »etwas Sinnvolles tun«, und der persönliche Gewinn besteht in einer gerechteren Gesellschaft, einem der profitabelsten Ziele überhaupt. Wenn Menschen von Altruismus sprechen, dann meinen sie damit in der Regel generalisierte Reziprozität.

Wenn die Leistungen von Menschen nicht adäquat belohnt werden, ist das der sicherste Weg, diese Menschen ökonomisch zu entmutigen – eine Erfahrung, welche die ehemals sozialistischen Staaten, aber auch viele andere Länder mit ungesicherten Eigentumsrechten gemacht haben. Die Idee des Eigentums basiert letztlich auf dem Ideal der selbst erbrachten Leistung, deren Früchte man auch selbst genießen darf. Zahlreiche Sozialwissenschaftler heben hervor, dass das Leistungsprinzip gerechter sei als alle anderen Verteilungsverfahren. Es ist empirisch belegbar, dass Verteilung nach Leistung durch und durch dem Selbstverständnis der meisten Menschen entspricht, quer durch alle Bevölkerungsschichten. Diese Menschen erkennen als grundlegendes Gerechtigkeitsprinzip an, dass jene mehr Einkommen erhalten sollen, die fähig und fleißig sind.

## 3.2 Umstrittene Aspekte des Leistungsprinzips

Für die Debatte um das Leistungsprinzip sind einige Aspekte ebenso wichtig wie missverständlich. Mit ihrer Erwähnung möchten wir auch erwartbaren Einwänden zuvorkommen. Zunächst einmal gibt es weite gesellschaftliche Bereiche, wo das Leistungsprinzip völlig unumstritten Gültigkeit besitzt. Begrifflich wird hier weniger auf das »Leistungsprinzip« als auf »Fairness« verwiesen – wenn diese Selbstverständlichkeit überhaupt hinterfragt wird. Jeder wird zustimmen, dass man für vier Stunden einer bestimmten Arbeit viermal so viel Lohn erhalten soll wie für eine Stunde, und niemand wundert sich, dass zehn Brötchen zehnmal so viel kosten wie eines. Wenn Leistung quantitativ bestimmbar ist, zum Beispiel als Anwesenheitszeit oder als Ergebnis nach Stückzahl oder Gewicht, dann ist sie auch nicht umstritten. Diese »Summierbarkeit« von Einzelleistungen ist Ausdruck des Leistungsprinzips. Ebenso unstrittig ist, dass jene, die viel in Ausbildung oder Kapital investiert haben, pro Arbeitsstunde oder Maschinenstunde mehr verlangen dürfen. Nach Ausbildungserfordernissen, Erfahrung, Können und Verantwortung gestaffelte Entlohnung wird praktisch universell akzeptiert. Gerade die Tatsache, dass ein offensichtliches Auseinanderfallen von Leistung und Entlohnung in der einen wie in der anderen Richtung Empörung und Unverständnis hervorruft, ist ein Beleg für die breite Akzeptanz dieses Gerechtigkeitsprinzips.

Nicht verwunderlich ist daher, wenn die Begriffe »Leistung« und »Leistungsprinzip« als Argumentationsstrategie eingesetzt werden. Die einen möchten sich als »Leistungsträger« einen möglichst großen Anteil am Kuchen sichern, die anderen sehen in einer »Leistungsorientierung« ein Plädoyer für Ellenbogenmentalität und soziale Kälte in einer ungleichen Gesellschaft: »Streng dich an, dann verdienst du mehr« versus »Wer am rücksichtslosesten handelt, hat eventuell eine Chance«. Eine solch breite Auslegung der Begriffe ist nur möglich, weil diese Begriffe notwendig diffus sind: Leistung ist eine Kategorie, die umso unschärfer wird, je näher man an sie herantritt (Nina Verheyen). Das liegt daran, dass dem Begriff der Leistung gleichzeitig ein objektiver Kern und eine soziale Utopie zugrunde liegen. Es geht nicht nur darum, was Leistung *ist*, sondern vor allem darum, was als Leistung *gelten soll*. Die gleichen Sozialwissenschaftler, die das Leistungsprinzip loben, sind sich weitgehend darüber einig, dass Leistung in einem allgemeinen Sinne gar nicht objektiv bestimmbar ist. Was als Leistung zählt, ist kontextabhängig und wird letztlich von den Empfängern dieser Leistung bestimmt. Eine Leistung wird erst dadurch zur Leistung, dass sie sich anpasst und andere sie anerkennen, indem sie bereit sind, eine Gegenleistung zu erbringen (die auch in sozialer Anerkennung bestehen kann, aber davon wird man auf Dauer nicht satt). Als Koordinationsmechanismus für indirekte Kooperation kann Marktwirtschaft nur Hinweise darauf geben, welche Leistungen gefragt oder auch nicht gefragt sind.

Zudem fordert das Leistungsprinzip, dass grundsätzlich jeder selbst für sein Auskommen sorgen muss. Es gibt kein generelles Anrecht darauf, von anderen versorgt zu werden. Faktisch bedeutet das die soziale Norm, ein Einkommen erzielen zu müssen. Eine arbeitsteilige Gesellschaft, in welcher das für den Konsum verfügbare Geld nicht von der »Arbeitsleistung« abhängt, ist schlicht unrealistisch, auch wenn viele das eher für eine kulturelle Prägung halten.[6]

Allerdings ist das Leistungsprinzip nicht alles: Ein ausgewogenes Verhältnis von Leistungs- und Sozialprinzip ist wichtig. Der biblische Spruch »Wer nicht arbeiten will, der soll auch nicht essen«

---

6 Vorschläge, das Leistungsprinzip zu überwinden – beispielsweise durch ein bedingungsloses Grundeinkommen –, halten wir für nicht zielführend. Wird es aus der Besteuerung von Einkommen finanziert, widerspricht es der Universalität des Leistungsprinzips. In Bezug auf soziale Ungleichheit möchten wir lieber leistungslose Einkommen als Hauptproblem des Kapitalismus verhindern, anstatt ein weiteres einzuführen und damit endgültig auf die Steuerungsfunktionen von Märkten zu verzichten. Wir werden allerdings in Kapitel 6 darauf eingehen, warum ein *ökologisches* Grundeinkommen gerade wegen des Leistungsprinzips eine gute Idee ist.

(2. Thess 3,10) bezieht sich nur auf die Unwilligen. Aber auch jene, die nicht ausreichend für sich sorgen können, besitzen Würde und damit ein Recht auf Einkommen. Manche erbringen gesellschaftlich sehr wünschenswerte Leistungen, indem sie als Pflegende oder Eltern für andere sorgen – haben aber deshalb Probleme, ein Einkommen zu erzielen. Jede Gesellschaft, die nicht sozial zerfallen will, ist gut beraten, alle mitzunehmen. Weder Leistungsprinzip noch Sozialprinzip sind ausreichend als gesellschaftliche Grundlage, jedes für sich allein ist verheerend (Hans Braun). Allerdings werden auch soziale Sicherungssysteme nur dann akzeptiert, wenn die Gegenseitigkeit gewahrt bleibt, wie viele empirische Studien zeigen. Erwerbstätige sehen staatliche Transferleistungen nur dann nicht als Verletzung des Leistungsprinzips an, wenn die Gründe nicht durch die Leistungsempfänger selbst verschuldet sind.

Für sich selbst zu sorgen ist eigentlich kein großes Problem. Die meisten Menschen sind in irgendeiner Weise zu einer Leistung fähig, die auch bezahlte Anerkennung finden könnte. Wenn heute viele Menschen von sozialer Sicherung abhängig sind, so liegt das in den meisten Fällen an Arbeitslosigkeit oder prekärer Beschäftigung. Die Anzahl derjenigen, die ihren Lebensunterhalt aus persönlichen Gründen wirklich nicht selbst erwirtschaften können, ist viel geringer. Auch wenn immer wieder versucht wird, fehlende Bildung oder mangelnde Leistungsbereitschaft zu einem persönlichen Grund zu disqualifizieren, wird damit vor allem die Tatsache verschleiert, dass es eine strukturelle und permanente »Entlassungsdrohung« am Arbeitsmarkt gibt, selbst wenn die Arbeitslosenquote in Deutschland derzeit niedriger ist als in den letzten Jahren. Weitere Rationalisierungsfortschritte werden diese Entlassungsdrohung verlässlich erneuern und verschärfen. Die Arbeitslosenquote sagt ohnehin wenig über Unsicherheit, notwendige Flexibilität, Arbeitswege, Mehrarbeit, Belastung der Familie und Einkommensniveau aus. Das ist der gesellschaftliche Sprengstoff, denn aus unserer Diskussion des Leistungsprinzips ließe sich für Leistungsfähige (also fast alle) schlussfolgern: Wer mit seiner aktuellen Anerkennung unzufrieden ist, könnte sich ja eine Arbeit suchen, wo die eigenen Leistungen besser honoriert werden. Der praktische Mangel an solchen Alternativen ist genau das Rätsel, das wir lösen möchten. Fehlende Bildung und mangelnde Leistungsbereitschaft spielen dabei nicht die Hauptrolle.

## 3.3 Das Leistungsprinzip als Schlüsselbegriff der Verteilungsdebatte

Insgesamt betrachten wir das Leistungsprinzip als den Schlüsselbegriff der Verteilungsdebatte: In einer Leistungsgesellschaft (Meritokratie) sollen die materiellen und sozialen Chancen des Einzelnen (nur) von seiner Leistung abhängen, im Sinne von Talent plus Anstrengung. Die Abstimmung über den Wert dieser individuellen Leistungen erfolgt durch die Wertschätzung anderer, meistens über

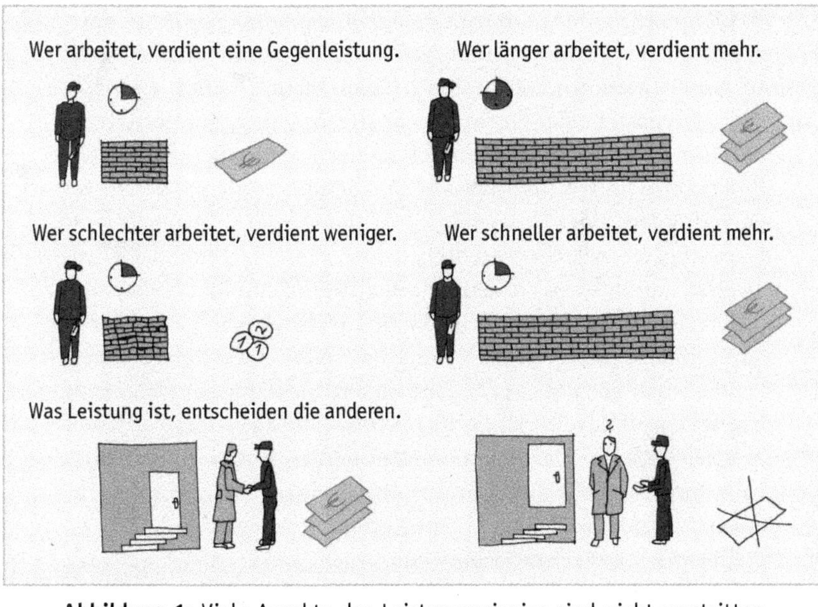


**Abbildung 1:** Viele Aspekte des Leistungsprinzips sind nicht umstritten und entsprechen durch und durch dem allgemeinen Gerechtigkeitsverständnis. *Grafik: Grit Koalick, visuranto.de; Farbversion: www.marktwirtschaft-reparieren.de.*

eine Bezahlung im Marktprozess. Der Begriff der Leistung ist hierbei keine objektive Größe, sondern eine soziale Konstruktion, die Arbeitsteilung unter Ungleichen ermöglichen soll. Wie die meisten brisanten Begriffe besitzt Leistung zwar Spielraum, aber vor allem einen kaum verhandelbaren objektiven Kern, den man keineswegs gesellschaftspolitisch auch »völlig anders« konstruieren könnte.

Der eigentliche Clou ist: Auch wenn Menschen nicht eindeutig bestimmen können, was Leistung (alles) ist, so fällt es ihnen ziemlich leicht, sich darüber zu verständigen, was definitiv *keine* Leistung ist. Als normative Grundlage kann das Leistungsprinzip nur negativ gewendet in konkrete (und sehr menschliche) Politik umgesetzt werden. Zu mehr soll und kann das Leistungsprinzip gar nicht anleiten. Dann aber bietet es einen Bewertungsrahmen, in welchem das heutige Dilemma verständlich wird, denn leistungslose Einkommen sind die Achillesferse von Marktwirtschaften. Eigentlich sind sie das Kennzeichen des Kapitalismus. Wer leistungslose Einkommen erwirtschaftet (ökonomisch auch »Renten« genannt), stärkt sich und schwächt diejenigen, welche dieses Einkommen erwirtschaften müssen – ein machtvoller Hebel mit der Gefahr eines selbstverstärkenden Prozesses, wenn wachsende Vermögen wiederum zu größeren Einkommen führen. Leistungslose Einkommen zu identifizieren und zu verhindern oder abzuschöpfen ist somit eine Kernaufgabe von Gerechtigkeit in jeder Gesellschaft und kann als Leitbild unserer Analyse und unserer Vorschläge gelten. Man kann dies noch etwas allgemeiner fassen und über die Einkommensverteilung im engeren Sinne hinausgehen: Wer die Vorteile hat, soll auch die Kosten tragen. Das bedeutet auch, staatliche Einnahmen und Ausgaben danach zu beurteilen, ob sie die »richtigen« Leute be- und entlasten. Wer heute beispielsweise in Städten Immobilien besitzt, profitiert von deren Lage, einem maßgeblich durch staatlich finanzierte Infrastruktur geschaffenen Wert, der auf private Rechnung verkauft wird.

Die marktwirtschaftlichen Grundregeln zeigen auf, wo Dinge schiefgehen können. In systematischer Hinsicht wird dabei stets die Äquivalenz von angebotener Leistung und erforderlicher Gegenleistung verletzt. In praktischer Hinsicht sind vor allem zwei Mechanismen bedeutsam, nämlich leistungslose Einkommen im engeren Sinne und eine Behinderung des Wettbewerbs. Eine ungeschickte Organisation des Geldsystems kann beides unterstützen. In diesem Buch diskutieren wir die wichtigsten Quellen für leistungslose Einkommen und Ursachen für Wachstumszwänge: Renten aus Naturgütern (vor allem Ackerland und Rohstoffe), Bodenrenten aus der Lage sowie (Monopol-)Renten aus Akkumulation und Unternehmensgröße. Zudem stellen wir Vorschläge vor, wie die Marktwirtschaft »repariert« werden könnte. Doch zunächst widmen wir uns der wohlwollenden Lesart von Marktwirtschaft mehr im Detail, um zahlreiche Missverständnisse zu klären und uns ein begriffliches Fundament zu schaffen.

Kapitel 4

# Der ökonomische Kreislauf und seine Begriffe

Um die beiden Lesarten von Marktwirtschaft gegeneinander abgrenzen zu können, benötigen wir ein gemeinsames Verständnis, wie Geld, Einkommen, Gewinn, Konsum und Investition im sogenannten Wirtschaftskreislauf zusammenhängen. Anschaulichkeit und Verständnis des Wirtschaftsprozesses werden dadurch erschwert, dass zum einen praktisch sämtliche verwendeten Begriffe mehrdeutig sind und dass zum anderen falsche Vorstellungen existieren, wie die gesellschaftliche Organisation dieses Wirtschaftskreislaufes de facto realisiert ist (besonders augenfällig beim Geldsystem). Wir halten diese sprachlichen Überschneidungen und Wissenslücken für ein ganz zentrales Problem der Debatten über eine gerechte Ökonomie. So äußern viele Menschen Kritik an einer »Profitorientierung« von Unternehmern und Managern. Aber reicht eine *mentale* Ausrichtung aus, um verlässlich Wachstum zu erzielen? Die relevante Frage ist eigentlich, unter welchen systemischen Bedingungen es Menschen gelingt, dauerhaft Überschüsse zu erzielen und diese zu reinvestieren. Viele streben danach, aber nur wenige schaffen es, weil sie am Markt mit der Aufgabe scheitern, mehr als ein mitunter dürftiges Einkommen zu erzielen. Wie kann man dieses ökonomische Wunder (denn das ist es eigentlich) erklären? Was führt dazu, dass entweder die Erlöse so hoch oder die Kosten so niedrig sind, dass neben einem komfortablen Einkommen immer noch Geld übrig bleibt?

## 4.1
## Kosten, Erlöse und Gewinn

Die Wirtschaftswissenschaft unterscheidet zwischen der Erzeugung von Leistungen (Produktion im weitesten Sinne) und dem Verbrauch dieser Leistungen (Konsum im weitesten Sinne). Zu den Produzenten gehören neben den offensichtlichen Herstellern physischer Produkte auch all diejenigen, welche Dienstleistungen erbringen, seien es Handel, Haarschnitte, Bankgeschäfte oder Politik – alle, die »arbeiten«, sind letztlich Produzenten von ökonomischer Leistung. Der dazu komplementäre Begriff des Konsumenten ist etwas heikel, denn umgangssprachlich haftet dem Konsum der negative Beiklang des Überflüssigen, Banalen an, wenn Shopping als Lifestyle kritisiert oder eine noble Lebensart dumpfem Konsum gegenübergestellt wird. Ein Konsument ist aber eigentlich »nur« ein Verbraucher, und insofern ist Konsum einfach nur das Gegenstück zur Produktion. Man »konsumiert« auch unattraktive Güter wie Krankenhausaufenthalte, Haftpflichtversicherungen oder Autoreparaturen, für die man nicht shoppen gehen würde. Auch findet der eigentliche Konsum (Verbrauch) in der Regel erst nach dem Kauf statt: Wer abends im Sessel sitzt und Goethes Gedichte liest, konsumiert in diesem Moment Sessel, Buch, Licht und Filzpantoffeln.

Produktion findet selbstverständlich auch im Privaten statt. Einkaufen, Kochen, Erziehen, Pflegen, Nachhilfegeben, Gemüseziehen oder einen Gartenschuppen bauen – all das sind ebenfalls ökonomische Leistungen, weil sie Werte schaffen, die von einem selbst oder von anderen Menschen geschätzt werden. Nur werden sie üblicherweise nicht gegen Geld getauscht. Innerhalb von Familien, unter Freunden oder in überschaubaren Gemeinschaften finden eher traditionelle Formen des Austauschs Anwendung, wobei auch hier auf Gegenseitigkeit geachtet wird und die Reziprozitätsnorm volle Gültigkeit besitzt. Wir beschränken uns in unseren Betrachtungen jedoch auf den Austausch von Leistung gegen Geld, weil dort die Probleme auftreten.

Die Gegenüberstellung von Produktion und Konsum führt uns unmittelbar zum vielleicht problematischsten, aber auch erhellendsten aller Begriffe, dem Gewinn – einer der Begriffe, die mehrdeutig sind. Man muss auf der Produzentenseite die Leistungserzeugung (wer produziert) gedanklich von der Unternehmereigenschaft (wer trägt das Risiko) trennen. Betrachten wir zuerst die Gruppe derjenigen Leistungsproduzenten, die auf eigene Rechnung und eigenes Risiko arbeiten. Eine Unternehmerin muss zunächst investieren, bevor sie produzieren kann. Sobald das Geschäft dann läuft, hat sie laufende Kosten, zum Beispiel für Material, Löhne, Fremdleistungen oder Wertminderung des Sachkapitals (Abschreibungen für Verschleiß), aber natürlich hat sie auch entsprechend laufende Verkaufserlöse. Die Differenz zwischen Kosten und Erlösen nennt man »buchhalterischen Gewinn«, dieser *muss* positiv sein, denn von diesem Gewinn muss sie leben. Das ist ganz schlicht die Definition von Selbstständigkeit im Gegensatz zu abhängiger Beschäftigung. Eine Selbstständige erhält keinen Lohn und bezieht kein Gehalt, sie erzielt Gewinn (oder auch nicht), indem sie Leistungen verkauft, deren »Herstellung« am Ende mehr einbringt, als sie kostet. Viele Unternehmer, seien sie Fabrikbesitzerinnen oder Apotheker, Beraterinnen oder Künstler, erzielen auf diese Weise einen Gewinn in der Höhe eines normalen Einkommens, mit einer Spannbreite zwischen eher prekär und recht komfortabel, wie Gehälter auch.[7] Ein Unternehmen ist bereits »profitabel«, wenn es genug Gewinn für den Lebensunterhalt abwirft. Wachsen muss es dafür nicht. Viele behaupten, dass »grow or die« die Überlebensbedingung von Unternehmen im Kapitalismus sei. Ökonomen haben dem bereits entgegengehalten, dass es eher »profit or die« sei, mit Bezug auf den buchhalterischen Gewinn. Aber es ist unerheblich, ob dieser Gewinn wirklich als Ge-

7 Gewinne gelten in der Einkommensstatistik als Kapitalerträge und fallen damit in die gleiche Kategorie wie Aktiendividenden, Pachterträge oder Zinsen, obwohl die meisten Unternehmer (vor allem Selbstständige) ganz wesentlich den »Produktionsfaktor Arbeit« einsetzen. Inhaltlich ist somit die Grenze zwischen Einkommen aus Arbeit und Einkommen aus Kapital nicht so scharf, wie die schlagwortähnliche Verwendung es manchmal suggeriert.

winn im Sinne der Gewinn-und-Verlust-Rechnung errechnet wird oder ob sich die Unternehmerin als Angestellte der eigenen Kapitalgesellschaft (GmbH oder AG) ein Gehalt als regelmäßige Gewinnausschüttung auszahlt, sodass ein Gewinn im rechnerischen Sinne gar nicht mehr anfällt. Entscheidend ist, ob die Tätigkeit die Lebenshaltungskosten der Unternehmerin decken kann: »income or die«.

Falls der Gewinn unserer Unternehmerin höher ist als das, was sie als ihr Einkommen verwendet, nennt man diesen frei verwendbaren Überschuss »ökonomischen Gewinn«. Ökonomischer Gewinn bedeutet Geld, welches im Unternehmen verbleiben und beispielsweise investiert werden kann, also Unternehmenswachstum. Da Abschreibungen für Verschleiß bereits in den expliziten Kosten enthalten sind, steht für *Ersatz*investitionen unabhängig vom Gewinn bereits Geld zur Verfügung – hierfür liegt sozusagen Geld in der Kasse, welches nicht Teil des buchhalterischen Gewinns ist. Die Investitionen, die aus ökonomischen Gewinnen finanziert werden (können), sind in erster Linie *Neu*investitionen, also die Anschaffung von Gütern, die den Produktionsprozess ausweiten oder verbessern können: mehr, schneller, kostensparender, flexibler. Der ökonomische Gewinnbegriff ist damit strenger als der buchhalterische, er basiert auf einer kostenrechnerischen Kalkulation. Danach zählen zu den Kosten nicht nur die expliziten Kosten der Unternehmung, sondern auch der Einsatz an Arbeitszeit und Geld, welche die Unternehmerin in das Unternehmen einbringt (zum Beispiel Einlagen). Diese Einnahmenverluste, welche der Unternehmerin durch Verzicht auf andere Berufs- und Investitionsmöglichkeiten entstehen, nennt man »Opportunitätskosten«. Der ökonomische Gewinn ist also keine objektiv berechenbare Größe, sondern eine *persönliche Entscheidung*, wie man den buchhalterischen Gewinn in Einkommen und Verbleib im Unternehmen aufteilt, vereinfacht: ökonomischer Gewinn = buchhalterischer Gewinn minus persönliches Einkommen = Netto-Investitionspotenzial (siehe Abbildung 2). Die Profitabilität verschiedener Investitionsalternativen ist nur über ihre jeweiligen ökonomischen Gewinne sinnvoll vergleichbar, darin liegt die Bedeutung dieses Gewinnbegriffs. Man kann Investitionspotenzial ignorieren und statt-

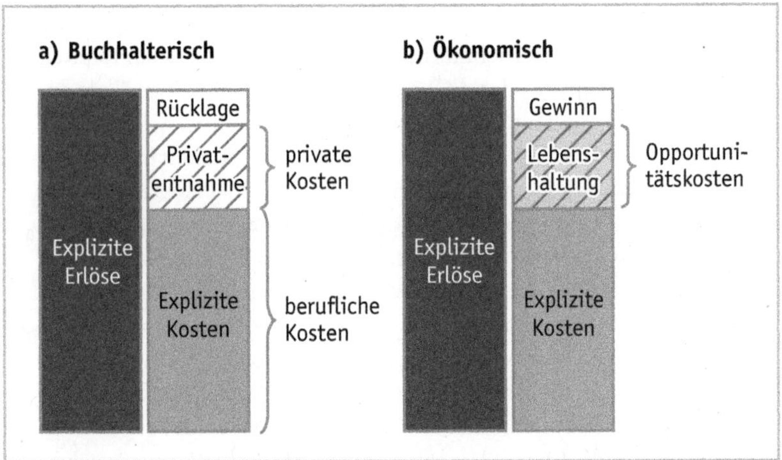


**Abbildung 2:** Gegenüberstellung der Gewinnbegriffe (weiß = Gewinn). Dies ist eine vereinfachte Darstellung, die aber den wesentlichen Unterschied verdeutlicht, dass die Lebenshaltungskosten (schraffiert) für das Finanzamt als sogenannte Privatentnahme zum Gewinn zählen (links), für die Wirtschaftswissenschaft als Opportunitätskosten zu den Kosten (rechts). Der ökonomische Gewinn entspricht buchhalterisch einer Gewinnrücklage.

dessen großzügig mehr konsumieren, man kann sich aber ebenso ökonomischen Gewinn buchstäblich vom Munde absparen und so Investitionspotenzial erst erzeugen.

Die zweite große Gruppe der Leistungsproduzenten sind die Nichtunternehmer, also abhängig Beschäftigte, aber eigentlich läuft es bei ihnen ähnlich. Die Differenz zwischen Kosten und Erlösen nennt man hier nicht Gewinn, sondern spricht unmittelbar vom Einkommen. Auch Angestellte haben laufende Kosten, allerdings sind sie meist gering und werden vom Finanzamt als »Werbungskosten« bezeichnet. Dazu gehören beispielsweise Fahrtkosten, Weiterbildung, Berufskleidung – also alles, was unmittelbar der Erzielung und Aufrechterhaltung des Einkommens dient. Die laufenden Erlöse sind üblicherweise fixiert als Lohn oder Gehalt, aber wer erfolgsabhängige Vergütungsanteile erhält, ist schon auf halbem Weg zum Unternehmer. Letztlich gibt es außer den privatrechtlichen Ansprüchen (man hat ein Recht auf Vergütung, nicht jedoch auf Gewinn) und den vielen formalen Buchführungsvorschriften keinen inhaltlichen Unterschied zwischen buchhalterischem Gewinn und Gehalt bzw. Lohn.

Unter Nichtökonomen scheint der schlechte Ruf einer »Gewinnorientierung« vor allem aus einer Vermischung des buchhalterischen und des ökonomischen Gewinnbegriffes herzurühren. Für die meisten Menschen ist Gewinn intuitiv ein Überschuss, der jenseits des Notwendigen liegt, also jenseits dessen, was wir als normales Einkommen bezeichnen. Das aber ist genau der ökonomische Gewinnbegriff. Wer in diesem Sinne Gewinnmaximierung betreibt, versucht tatsächlich zu erreichen, dass am Jahresende die Erlöse nicht nur die Kosten des Betriebes und der Lebensführung decken, sondern dass ein frei verfügbarer Überschuss bleibt. Im Sinne des buchhalterischen Gewinnbegriffes versuchen jedoch *alle*, »aus Geld mehr Geld zu machen«, also Erlöse zu erzielen, welche höher sind als die unmittelbaren Kosten – alles andere wäre sinnlos. Von der Differenz leben sie, sodass am Ende des Jahres die meisten nicht mehr auf dem Konto haben als zu Beginn, obwohl sie Gewinn gemacht haben. Die alte Marx'sche Formel G–W–G', für viele der Inbegriff kapitalistischer »Steigerungslogik«, ist letztlich nur die ziemlich banale Beschreibung des halben ökonomischen Kreislaufs vor der Gewinnverwendung.[8] Diese Formel sagt zum einen nichts aus über die Gewinnverwendung (Konsum oder Investition), zum anderen gibt sie keinerlei Erklärung für das in der Praxis höchst unterschiedliche Verhältnis der beiden Größen G und G'. In welchen Branchen man mit welchen Produkten viel leichter ein höheres G' erzielen kann als in anderen, erfordert eine genauere Analyse.

---

8 Ein Geldbetrag G wird für die Produktion einer Ware W eingesetzt (Kosten), welche dann für den höheren Geldbetrag G' verkauft wird (Erlöse). Diese Formel ist keine mathematische Gleichung, sondern beschreibt eine zeitliche Abfolge von Schritten.

## 4.2
## Ein Zwischenfazit zum ökonomischen Kreislauf

Es lässt sich also festhalten: Der ökonomische Austausch beruht auf zwei gegenläufigen Strömen. In der einen Richtung fließen Leistungen von Produzenten zu Konsumenten, meist nicht direkt, sondern über ganze Ketten von Produzenten, von denen jeder nur einen kleinen, spezifischen Beitrag zur Wertschöpfung leistet. Der Begriff der Leistung umfasst alle Güter, die »Nutzen stiften«, dies können materielle und immaterielle Güter sein (Dienstleistungen, Rechte etc.). In der Gegenrichtung fließt Geld, welches keine Leistung, sondern ein Medium darstellt, das uns eine soziale Kommunikation über den Wert jener Leistungen ermöglicht. Eine Geldzahlung stellt zunächst einen Erlös beim Empfänger dar, der von diesem Erlös berufliche und private Kosten bestreiten muss. Den Erlösanteil zum Bestreiten der privaten Kosten nennt man Gewinn oder allgemeiner Einkommen.

Bereits mit diesem sehr elementaren Bild lassen sich einige bedeutsame Feststellungen treffen. Da es letztlich nicht um Geld geht, sondern um den Austausch von Leistungen, muss jeder Produzent »privat« auch Konsument sein, und jeder Konsument muss sich »beruflich« darum bemühen, irgendwelche Leistungen zu erbringen, die andere so wertvoll finden, dass sie bereit sind, Geld dafür zu zahlen. Insofern wird der ökonomische Austausch erst dann zum Kreislauf geschlossen, wenn jeder einmal als Produzent und einmal als Konsument in Erscheinung getreten ist. Die Marx'sche Formel müsste also vollständig G – W – G' – K – G'' lauten, womit sie weit weniger originell wird: Von der eingenommenen höheren Geldsumme G' muss auch der private Konsum K bestritten werden, sodass die meisten wieder bei G'' = G landen. Es ist also kein Naturgesetz, dass Warenproduktion zur Akkumulation führt, sondern ganz im Gegenteil: Die Möglichkeit des ökonomischen Gewinns (G'' > G, siehe Abbildung 3) ist eine kleine ökonomische Sensation.

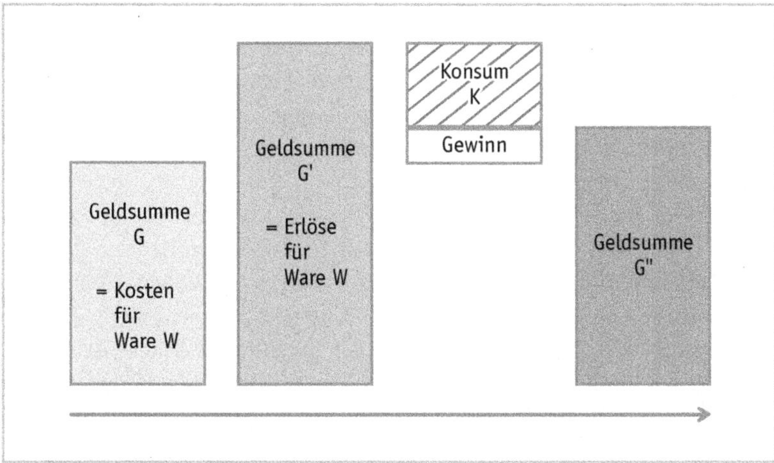


**Abbildung 3:** Die Marx'sche Formel als zeitliche Abfolge von Schritten, hier mit ökonomischem Gewinn.

Im Rahmen des buchhalterischen Gewinns ist damit auch klar, warum in einer Marktwirtschaft alle gleichzeitig Gewinne machen können, ohne dass die Wirtschaft wächst. Der Gewinn wird *vor* der privaten Gewinnverwendung berechnet (und besteuert), also an der Stelle G' in der Marx'schen Formel. Anschließend fließt dieser rechnerische Überschuss als private Konsumausgaben oder betriebliche Investitionen wieder in den allgemeinen Kreislauf, wo er erneut die Erlöse anderer und damit Gewinn erzeugt. Ein und derselbe Geldschein kann gewissermaßen bei einer Runde im Kreislauf mehrmals für Gewinne sorgen. Berechnet wird der Gewinn ohnehin im Nachhinein, am Ende des Geschäftsjahres, wenn das Geld, das diesen Gewinn ausgemacht hat, schon gar nicht mehr in der Kasse liegen mag, weil die Unternehmerin es entnommen hat, um ihre Konsumausgaben zu bestreiten. Die so berechneten Einkommen sind eine wichtige soziale Kenngröße, um die ökonomische Leistungsfähigkeit zu bestimmen und Steuern und Abgaben zu berechnen. Die ganze Trennung zwischen privat und beruflich ist Teil einer gesellschaftlichen Konstruktion, welche den wirtschaftlichen Leistungs*tausch* zur

Bemessungsgrundlage zahlreicher staatlicher Leistungen und ihrer Finanzierung gemacht hat. Nur aus diesem Grund interessiert sich die Gesellschaft (das heißt das Finanzamt) für die Trennlinie zwischen privaten und berufsbedingten Kosten (und natürlich lassen sich Zweideutigkeiten und Absurditäten entlang dieser Trennlinie nicht vermeiden).

Unser Kreislauf zeigt auch: Hinter jedem Einkommen steht notwendigerweise Konsum. Wenn alle sich in ihrer freien Zeit nur dem stilvollen Müßiggang hingeben würden, dann wären viele Menschen arbeitslos. Das ist die provozierende Botschaft der berühmten »Bienenfabel« von Bernard de Mandeville: Tugendhafte Askese ist mit Vollbeschäftigung unvereinbar. Sobald die Produktion in der Lage ist, unsere Grundbedürfnisse abzudecken, kann weitere Produktion trivialerweise nur höhere Bedürfnisse abdecken, was auch immer das sein mag. Wir werden uns mit den umstrittenen Begriffen »Grundbedürfnisse« und »höhere Bedürfnisse« weiter unten noch kritisch auseinandersetzen. Aber die Vorstellung, wir könnten dank moderner Technologie eine hochproduktive Teilzeitgesellschaft werden, in der wir nur noch zwei bis drei Stunden am Tag arbeiten und die so gewonnene Freizeit für etwas anderes als »dumpfen Konsum« verwenden, ist zumindest ambitioniert. Unser Konsum muss so hoch sein, dass mit seinen Erlösen alle Tätigkeiten der Volkswirtschaft mit einem Einkommen entlohnt werden können, auch Forscherinnen, Künstler, Polizistinnen und Politiker.

Wir können bereits an dieser Stelle einen ersten Eindruck erhalten, was Leistungsgerechtigkeit im Zusammenhang mit Einkommen bedeutet. Angenommen, zwei Unternehmerinnen treten mit ungefähr gleicher Leistung am Markt auf, das heißt, sie erhalten beide den gleichen Erlös für ihr Produkt oder ihre Dienstleistung. Die eine schafft es jedoch, ihre beruflichen Kosten deutlich geringer zu halten als die andere, sei es, weil sie sich besser organisiert, sei es, weil sie Technik geschickter oder Rohstoffe sparsamer oder Mitarbeiterinnen produktiver einsetzt (oder schlechter bezahlt, aber dazu kommen wir noch). Der Nachfrager bekommt davon im Grunde nichts mit, er sieht nur das Ergebnis und zahlt seinen Preis. Die geschicktere Unternehmerin macht jedoch einen höheren Gewinn (berufliche Erlöse minus berufliche Kosten), sie hat also für ihren privaten Konsum einen höheren Erlösanteil zur Verfügung. Umgangssprachlich sagen wir: Sie leistet mehr und verdient daher auch ein höheres Einkommen.

Damit werden zwei Dinge deutlich: Erstens ist nicht entscheidend, wie viel Erlös man für eine Leistung erhält, sondern immer die Differenz von Kosten und Erlösen. Schlechtestenfalls sind die Kosten höher als die Erlöse, worauf man seine Tätigkeit besser ganz einstellt: buchhalterischer Gewinn negativ. Günstigstenfalls sind die Kosten so niedrig, dass man von der Differenz nicht nur leben, sondern sogar weiter investieren kann, letztlich mit dem Ziel, die vorteilhafte Differenz von Kosten zu Erlösen aufrechtzuerhalten oder sogar auszubauen: ökonomischer Gewinn positiv. Die beiden Gewinnbegriffe stecken also die Skala des unternehmerischen Zweifels ab: Ein negativer buchhalterischer Gewinn sagt definitiv: »Aufhören, denn es lohnt sich nicht!«, ein positiver ökonomischer Gewinn sagt definitiv: »Weitermachen, denn es lohnt sich!« Dazwischen liegen die Zweifelsfälle, die aber wohl 99 % aller Fälle ausmachen.

Die zweite Feststellung ist noch bedeutsamer: Das gesellschaftliche Ideal dieses Kreislaufes ist, dass jeder mit seinem Einkommen (Gewinn, Lohn, Gehalt) *genau seinen Anteil* an der ökonomischen Wertschöpfung aller erhält. Die geschickte Unternehmerin leistet mehr, denn sie schöpft den gleichen Wert mit weniger Aufwand. Auch im Begriff der Wertschöpfung steckt die Differenz von Aufwand und Ertrag. Insofern hat sie auch das Recht auf mehr Gegenleistung anderer, und dieses Recht kann sie wahrnehmen, indem sie über mehr Geld für ihren privaten Konsum verfügt.

Generell hat jeder, der berufliche Leistungen erbringt, Anspruch auf Entlohnung der aufgewendeten Arbeitszeit, und das gilt natürlich auch für Unternehmerinnen – allerdings nur bezüglich ihrer eigenen Arbeitszeit. An der Arbeitszeit anderer soll man eigentlich nichts verdienen, sagt das Leistungsprinzip. Das erscheint nun angesichts der realen Verhältnisse wie blanker Hohn. Ist es nicht das offensichtlichste Funktionsprinzip des Kapitalismus (und sogar der

Marktwirtschaft in ihrer wohlwollenden Lesart), dass man *gerade* an der Arbeitszeit anderer verdient, deren »Mehrwert« man abschöpft? Nein, allerdings ist nicht ganz einfach zu erkennen, wie es tatsächlich funktionieren soll. Bei selbstständigen Einzelunternehmern ohne Beschäftigte ist es offensichtlich: Nur einer erbringt Leistungen und lebt von seinem Gewinn (Erlöse minus Kosten). Die einzig mögliche Form von Ausbeutung ist hier die Selbstausbeutung. Bei Betrieben mit Festangestellten wird es etwas unübersichtlicher, aber wir hatten das Grundprinzip bereits in Abschnitt 4.1 erläutert. Alle Erlöse wandern zunächst in einen großen Topf, aus dem alle Kosten bezahlt werden müssen, die betrieblichen Kosten der Unternehmung ebenso wie die privaten Kosten der Unternehmerin – allerdings haben die betrieblichen Kosten Vorrang, und dazu gehören die festen Löhne und Gehälter. Im Idealfall bleibt ein Rest als Gewinn, welcher den Lohn der Unternehmerin darstellt, und im Idealfall entspricht dieser Gewinn einem »normalen« Einkommen, was tatsächlich bedeutet, dass die Unternehmerin an der Arbeitszeit ihrer Angestellten nichts verdient hat. Die Angestellten haben genau ihren Leistungsanteil als Lohn oder Gehalt erhalten, und in vielen (kleineren) Betrieben ist das auch der Fall.

Dieser Punkt ist angesichts der realen Verhältnisse für viele absolut kontraintuitiv, aber gerade deshalb bedeutsam. Es gab und gibt vielfältige Formen von Ausbeutung, bei denen eine Machtasymmetrie zwischen Arbeitgebern und Arbeitnehmern ausgenutzt wird. Aber diese Machtasymmetrie hat keine systematische Ursache im »Kapitalverhältnis« oder der Lohnarbeit an sich, sondern beruht im Kapitalismus vor allem auf technologischer Arbeitslosigkeit mit all ihren Folgeproblemen und Symptomen (Kapitel 6) sowie auf Bodenrenten (Kapitel 7). Das marxistische Konzept vom Mehrwert der Lohnarbeit, der vom Kapitalisten abgeschöpft wird, beruht auf einem buchhalterischen Missverständnis. Es ist nicht möglich, innerhalb eines Betriebes exakt zu bestimmen, wer welchen Beitrag zur Wertschöpfung leistet. Betriebliche Kostenrechner beißen sich an diesem Problem seit Jahrzehnten die Zähne aus und kommen bestenfalls zu brauchbaren Näherungen, zumal wenn es Fixkosten gibt, die sich amortisieren müssen. Höchstens kann man *offensichtliche* Fälle von Unter- oder Überbezahlung identifizieren. Insofern hat sich Marx von den empörenden Verhältnissen seiner Zeit zu Verallgemeinerungen hinreißen lassen. Die marktwirtschaftliche Aufteilung in feste Entlohnungen und variablen Gewinn ist eigentlich eine gute Lösung des Problems, wie man die sehr unterschiedlichen Leistungsfelder, Verantwortlichkeiten und Risiken innerhalb eines Betriebes honoriert.

## 4.3 **Geld**

Im nächsten Schritt wollen wir uns etwas genauer mit Geld befassen. Was ist dieses ominöse Mittel, nach Ansicht mancher ein modernes Grundübel, wenn auch irgendwie unverzichtbar? Der Anthropologe David Graeber hat zumindest zweifelsfrei dargelegt, dass Geld nicht »entwickelt« wurde, weil den Menschen der Naturalientausch ach so mühsam wurde. Marktgesellschaften ohne Geld, aber mit festgelegten Tauschrelationen (»zwölf Hühner gegen ein Paar Schuhe«) hat es nie gegeben. Solche festgelegten Tauschrelationen und komplexe Märkte haben sich erst mit und durch Geld entwickelt. Das ändert aber nichts an der Tatsache, dass wir heute eine formalisierte Tauschwirtschaft mit festgelegten Tauschrelationen (Preisen) *haben*.

Beim Leistungstausch ist eine Win-win-Situation, in der beide Partner einen Vorteil erzielen, ohne Weiteres möglich, wenn die getauschten Güter das hergeben: Der eine muss zu viel von dem haben, was der andere begehrt, und umgekehrt. Dank Arbeitsteilung und Spezialisierung ist eine solche Situation leicht herzustellen. Bei einem Tausch erwartet man eine gleichwertige (äquivalente) Gegenleistung. Eine gleich*artige* Gegenleistung zu verlangen wäre kein Tausch, sondern Zeitverschwendung, aber Menschen sind ziemlich gut darin, Unvergleichbares zu vergleichen und für sich abzuschätzen, was Äquivalenz im Einzelfall bedeutet und wo sie ihre Grenzen hat. Allerdings hat Äquivalenz beim Tausch auch etwas Paradoxes, denn genau genommen erwartet jeder der Tauschpartner eigentlich

Nichtäquivalenz. Jeder möchte sich ja besser stellen als vorher, also mehr erhalten als weggeben. Das Paradox löst sich dadurch auf, dass das Erhaltene *für einen persönlich* einen höheren Wert darstellt als das Weggegebene. Beim Tauschpartner ist es umgekehrt genauso.[9] Die Nichtäquivalenz ist also keine Eigenschaft des Tauschgeschäftes an sich, sondern eine rein persönliche Einschätzung. Tatsächlich schätzen aufmerksame Menschen bei Tauschgeschäften auch ab, was der Tausch jeweils für den anderen bedeutet, und achten auch hier auf Ausgewogenheit.

Oftmals kann einer der beiden Tauschpartner gerade keine passende Gegenleistung anbieten oder erst später, oder er wüsste jemand anderen, der die nötige Gegenleistung erbringen könnte. In diesen Fällen fungiert Geld als »reziproker Merkzettel«, eine geniale soziale Innovation. Seinen Ursprung hat Geld in Handelskontrakten, bei denen Warenlieferungen eine Schuld erzeugten, die nach einer Frist mit einer Gegenleistung in Form von Waren oder Edelmetallen beglichen wurde. Diese Schuld wurde auf diversen »Datenträgern« notiert, in Mesopotamien beispielsweise auf Tontäfelchen. Diese Tontäfelchen begannen ein Eigenleben zu führen: Die Leistungsforderung konnte vom ursprünglichen Eigentümer an jemand anderen weitergegeben werden, der nun den Leistungsanspruch gegenüber dem Schuldner hatte. Der moderne Begriff dafür ist »Handelswechsel«. Hier sieht man bereits, dass jeder Forderung immer die Schuld eines anderen gegenübersteht. Darüber hinaus begannen sich normierte Einheiten von Edelmetallen oder anderen wertvollen Materialien zu entwickeln, die als standardisierte »Schuldentilger« akzeptiert wurden, also das, was wir heute Bargeld nennen. Der Materialwert diente als zusätzliche Kreditsicherheit. Goldmünzen wurden insbesondere für die Bezahlung von Söldnern oder im internationalen Handel benötigt, wo man die Empfänger möglicherweise nie wiedersah.

Auch heute ist Geld im Kern eine Schuldbeziehung. Die durch Geld verbriefte Forderung richtet sich jedoch nicht mehr gegen eine

9 Ökonomisch spricht man vom höheren Grenznutzen des jeweiligen Empfängers.

konkrete Person. Sie ist ein Anspruch auf zukünftige Leistungen, wobei – und das ist der Clou – jeder eine solche Leistung erbringen kann, auch diejenigen, die an der ursprünglichen Transaktion gar nicht beteiligt waren. Die Transaktion ist durch die Geldzahlung ja abgeschlossen, und der durch Geld verbriefte Anspruch ist damit universell einlösbar. Eine diffuse Verpflichtung von Gabe und Gegengabe mag in sozialen Beziehungen sinnvoll sein, aber für die Koordination großer anonymer Gesellschaften ist sie hinderlich. Dies ist die vielleicht charakteristischste Eigenschaft von Geld im ökonomischen Prozess, nämlich »halbe« Tauschgeschäfte sozial wirksam abschließen zu können. Zudem ist Geld beliebig teilbar und addierbar. Die dadurch bewirkte Steigerung der Flexibilität ist enorm, wird aber heute gar nicht mehr als besonders wahrgenommen, weil Geld und der Umgang damit so normal geworden sind.

Während also die Handelswechsel immer einen individuell identifizierbaren Schuldner hatten, steht von einer Zentralbank herausgegebenes Geld eher für eine kollektive Schuld, einen Anspruch auf Wirtschaftsleistung. Geld ist buchstäblich verbrieftes Vertrauen, historisch gesehen ein unerhörter sozialer Fortschritt. Die Herausgabe von Geld ist gleichermaßen Vertrauensvorschuss wie Vertrauensbeweis für den breiten gesellschaftlichen Konsens, auf dieser Basis Leistungen tauschen zu wollen. Daher ist die Ausgabe von *Zeichengeld*, also Geld ohne eigenständigen Materialwert, ein hoheitlicher Akt. Für gesetzliche Zahlungsmittel gilt Annahmezwang: Jeder Gläubiger ist zu seiner Annahme verpflichtet, man kann jede Schuld wirksam damit tilgen.

Geld ist ein gesellschaftlicher Vertrag, der gewissermaßen nie zu Ende erfüllt ist, eine Art »›ewiger‹ Kredit an die Produktivkraft der Nation« (Joseph Huber). Jede Erfüllung im Rahmen eines wirtschaftlichen Austausches erneuert den Kredit, der zu Beginn vom Staat einseitig ausgegeben wurde, aber immer im Rahmen eines zweiseitigen Geschäftes weitergegeben wird. Diese Folge von Weitergaben geht nicht zu Ende, solange Vertrauen vorhanden ist. Geld ist mithin ein spezieller Kettenbrief, zwar ohne Schneeballeffekt, aber letztlich doch eine Konstruktion nach dem Motto: Den Letzten beißen die Hunde. Das System ist aber darauf angelegt, dass niemand je der Letzte sein wird.

Der Wert unseres heutigen wie auch allen anderen Geldes beruht auf dessen Kaufkraft, das heißt der Produktivkraft der Menschen (und Maschinen) des Währungsraumes, auf nichts sonst. Man kann Geld nicht anders absichern als durch Leistungsfähigkeit. Geld kann seinen sozialen Anspruch als Merkzettel für erbrachte Leistungen nur erfüllen, wenn es bestimmte Eigenschaften besitzt: Es muss fälschungssicher sein und in diesem Punkt die gleiche Eigenschaft wie eine ökonomische Leistung haben. Genauso wie wir das Vortäuschen von Leistungen nicht akzeptieren, können wir auch in den Kreislauf eingebrachtes Falschgeld nicht akzeptieren. Das In-Umlauf-Bringen von Falschgeld stellt ein leistungsloses Einkommen dar und verletzt den Grundsatz von Leistung und Gegenleistung. Außerdem muss der Geldwert stabil sein, denn Geld zirkuliert als Stellvertreter für Leistungen. In einer eingespielten Ökonomie spiegeln die Preise die menschlichen Aufwendungen wider und steuern indirekt, wo Aufwand erbracht werden soll, insofern muss alles vermieden werden, was diesen sensiblen Kommunikationsmechanismus irritiert.

Die Geldmenge muss also intelligent auf die ökonomischen Verhältnisse, den »Fluss der arbeitsteiligen Tätigkeiten«, abgestimmt sein. Wenn die Wirtschaft wächst, muss auch die Geldmenge wachsen.[10] Beliebt war und ist die Praxis von Regierungen, frisches Geld zur Finanzierung von Staatsausgaben zu drucken, beispielsweise um unpopuläre Steuererhöhungen zu vermeiden. Dies ist nur dann problemlos möglich, wenn dadurch die Gesamtmenge der erbrachten Leistungen steigt, weil beispielsweise in einer Krise Arbeitslose eingestellt werden. Meistens ist der gesellschaftliche Leistungspool aber nicht spontan vergrößerbar, und die Leistungen werden nur umgelenkt. Es gibt gewissermaßen mehr Geld als Leistungen. Dann steigen die Preise (Inflation), bis sich das Gleichgewicht von Geldmenge, Preisen und Leistungserbringung wieder eingependelt hat. Ist zu wenig Geld in Umlauf, kommt der Leistungstausch ins Stocken, denn

10 Eigentlich: der Geldumlauf, also Geldmenge mal Umlaufgeschwindigkeit.

der gesellschaftliche Leistungspool ist auch nicht spontan verkleinerbar. Es muss also einen Mechanismus geben, der die Geldmenge reguliert, nur dann kann Geld die reziproken Erwartungen brauchbar erfüllen. Er darf nicht zu starr, aber auch nicht zu flexibel sein – eine soziale Herausforderung, in deren Bewältigung schon ziemlich viel Denkarbeit gesteckt wurde, und ein Grund, warum weder Gold noch sonst ein Material aufgrund seiner *Materialeigenschaften* besser für Geld geeignet ist als andere.

Ebenso wie die Idee der Marktwirtschaft insgesamt trägt also auch die Idee des Geldes eine soziale Utopie in sich: die des perfekten Kommunikationsmediums und »Leistungskontos« im ökonomischen Prozess. Geld kann letztlich systematisch nichts anderes, als menschliche Leistung und damit Arbeitszeit zu entlohnen. Zwar kann Arbeitszeit unterschiedlich wertvoll sein (Qualifikation, Kreativität etc.), aber nicht beliebig unterschiedlich, und jede Form von Einkommen (Gewinn, Lohn, Gehalt) soll nur den eigenen Leistungsanteil honorieren. Dabei soll Geld die realwirtschaftlichen Transaktionen nur begleiten, aber nicht beeinflussen. In der ökonomischen Theorie spricht man von der Neutralität des Geldes. Es ist eine der großen Streitfragen verschiedener ökonomischer Schulen, ob diese Neutralität gegeben ist oder nicht, ob sie gegebenenfalls langfristig gegeben ist, aber kurzfristig nicht und wie der tatsächliche Einfluss von Geld auf die Wirtschaft ist. Angesichts der wiederkehrenden Erfahrungen von Geldpolitik der Zentralbanken, Bankenkrisen, Hyperinflationen und anderen Geldkrisen scheint die Neutralität des Geldes eine gewagte These zu sein. Tatsächlich ist sie eher der sozialen Utopie zuzurechnen: Geld *soll* neutral sein, es *soll* ausschließlich Kommunikationsmedium des ökonomischen Prozesses sein. Wir werden uns in Kapitel 5 noch ausführlicher mit der tatsächlichen Organisation von Geld befassen. Doch zunächst wollen wir uns einem weiteren wichtigen Kommunikationsaspekt von Geld widmen, nämlich dem Zins als Preis für Kapital.

## 4.4
## Zins und Rendite

Der wohlwollenden Lesart von Geld und seiner sozialen Utopie können sich wohl viele noch anschließen. Schwieriger ist es mit dem Zins, denn »Wucherzinsen« sind seit jeher ein Sinnbild für die schamlose Ausnutzung von Notlagen, und Zins und Zinseszins gehören zu den ältesten und hartnäckigsten Verdächtigen für einen systemischen Wachstumszwang. Ist es nicht offensichtlich, dass eine festverzinsliche Geldanlage ins Unendliche wachsen kann, sofern man sein Geld nur lange genug anlegt? Tatsächlich sind Schuldenkrisen Situationen, in denen die Geldebene und die Leistungsebene auseinanderfallen, weil so hohe Forderungen angehäuft wurden, dass sie nicht mehr plausibel mit Leistungen bedient werden können. Die Ursachen liegen allerdings zumeist nicht in der Anhäufung von Zinserträgen. Hohe Zinsen erzeugen kein Wachstum, sondern spiegeln eine Wachstumserwartung wider oder ein hohes Risiko.

Allerdings sind auch Zinsen ein mehrdeutiger Begriff. Zum einen bezeichnen sie Sparzinsen im engeren Sinne, also die Erträge von mehr oder weniger festverzinslichen Geldanlagen. Zum anderen wird der Begriff von Ökonomen ganz allgemein für die Erträge von Kapital verwendet: Der Produktionsfaktor Kapital wirft Zinsen ab (oder auch nicht), während andere Produktionsfaktoren anders bezeichnete Erträge abwerfen. Ökonomisches Kapital ist ein weiter Begriff, er bezeichnet letztlich alles, was im Produktionsprozess nutzbar ist, ohne dabei selbst unmittelbar verbraucht zu werden: Gebäude, Maschinen, Werkzeuge, Fahrzeuge, aber auch Rechte wie Patente oder Lizenzen. Üblicherweise werden auch Grund und Boden dazugezählt, dazu kommen wir in Kapitel 7. Etwas treffender als Zinsen ist daher der Begriff der Rendite auf das investierte Kapital, weil er die Einengung auf Sparzinsen vermeidet.

Was Renditen angeht, so sind mehrere Aspekte zu klären, die einerseits mit der Utopie der Marktwirtschaft und andererseits mit dem Zusammenhang zwischen Rendite und Wachstum zu tun haben.

Systematisch betrachtet, ist Rendite nichts anderes als eine Form von Gewinn, und damit stellt sich die Frage, welche Kosten hier den Erträgen gegenüberstehen – denn wenn man einmal Geldanlagen oder Aktien hat, dann scheinen deren Zinsen und Dividenden ohne Anstrengung und Risiko zu fließen. Im Sinne des Leistungsprinzips stellt sich die Frage: Welche Leistung wird mit einer Rendite eigentlich »entlohnt«? Der sogenannte Rentier, dessen Renditeerträge so hoch sind, dass er davon leben oder sogar weiter akkumulieren kann, ist für viele das Sinnbild eines Beziehers leistungsloser Einkommen. Praktisch stimmt das zwar oft, es ist aber keine grundsätzliche Eigenschaft von Rendite, und insofern muss man die Fälle jeweils genauer untersuchen.

Innerhalb des Marktmechanismus stellen Renditen Preise für Kapitalüberlassung dar. Oft wird externes Finanzkapital zur Verfügung gestellt, wo man dann von Geldgebern spricht, aber auch eine Unternehmerin »überlässt« ihr Sachkapital (Maschinen, Gebäude etc.) der Produktion von Konsumgütern für andere und erwartet dafür legitimerweise eine Entschädigung. Kapital muss mühsam aufgebaut werden (Investition), es bedeutet Zeit- und Geldaufwand, den man auch anders hätte nutzen können (Konsum). Zudem ist jede Kapitalüberlassung eine Festlegung für einen oft unbestimmten Zeitraum, in dem das Kapital nicht anderweitig eingesetzt werden oder sogar verloren gehen kann. Rendite »entlohnt« somit im Wesentlichen zwei Leistungen: Sie entschädigt die Kapitalgeber für ihren Aufwand beim Kapitalaufbau und für ihr Verlustrisiko.

Als legitim wird man alle Fälle von Rendite betrachten, wo zunächst erheblich investiert werden muss, bevor Erlöse erzielt werden können (Vorleistungen). Problematisch werden solche Renditen, wenn sie sehr hoch sind oder sehr lange erzielt werden – mit anderen Worten: wenn die Rendite »leistungslos« wird. Allerdings gibt es dafür keine formalen Kriterien, sondern nur moralische, und damit lassen sich lediglich Einzelfälle prüfen. Mit dem Verlustrisiko ist es kaum anders, und das gilt sowohl für eigene Investitionen wie auch für die Beteiligung an den Investitionen anderer. Dividenden auf eine Kapitalbeteiligung an einem Unternehmen (Anteile, Aktien) sind in der Höhe nicht garantiert, und generell sind Unternehmensbeteiligungen verlustgefährdet. Das Unternehmen kann in wirtschaftliche Schwierigkeiten geraten bis hin zum Konkurs, und dann geht nicht nur die Dividende verloren, sondern auch die Beteiligung (Totalverlust). Dies betrifft ebenso festverzinsliche Anleihen, die von Unternehmen ausgegeben werden, und in letzter Konsequenz auch Staatsanleihen. Somit können Kapitalerträge zwar im Einzelfall ein relativ leistungsloses Einkommen sein, aber systematisch ist das nicht zu entscheiden. Es gibt Dividenden und Anleihezinsen, die angesichts des Ausfallrisikos »sauer verdient« sind. Grundsätzlich ist ähnlich wie bei der Marx'schen Formel G – W – G' zu fragen, wann *systematisch* höhere Dividenden bei geringerem Risiko anfallen, und das ist – wie bereits erwähnt – eher eine Frage von Branchen, Technologien und staatlicher »Investitionspolitik« (siehe Kapitel 6).

Ähnlich uneindeutig ist der Zusammenhang zwischen Rendite und Wirtschaftswachstum, denn auch hier gilt, dass die Umstände des Einzelfalles betrachtet werden müssen. Bereits Sparzinsen als »Entgelt für Geldüberlassung« sind alles andere als selbstverständlich, und insofern ist auch die ewig wachsende festverzinsliche Geldanlage (»Josephspfennig«) nur ein theoretisches Konstrukt. Spareinlagen sind für Banken attraktiv, wenn Zentralbankgeld teuer ist (siehe Kapitel 5), und dann sind Banken auch bereit, Zinsen auf Spareinlagen zu zahlen – sonst nicht. Hohe Sparzinsen wie in der Wirtschaftswunderzeit der 1950er- und 1960er-Jahre drückten vor allem aus, dass viele investitionsbereite Unternehmer um den knappen gesellschaftlichen Leistungspool konkurrierten. Die heute vorgenommene »Flutung« der Märkte mit Zentralbankgeld hätte damals sofort eine Inflation hervorgerufen, denn Kreditgeld lässt sich schnell schöpfen, Leistung im Sinne von Kapital und Arbeitskräften nicht ohne Weiteres. Insofern musste das Zinsniveau damals hoch sein, sodass nur die dringendsten Investitionen zum Zuge kommen konnten.

Aber letztlich ist es unerheblich, ob es sich um Sparzinsen, Dividenden oder andere Quellen von Rendite handelt. Alle Renditen sind zunächst Einkommen, und wenn Einkommen vollständig konsumiert werden, dann wächst das Vermögen nicht. Nur wenn Einkommensanteile erfolgreich investiert werden, wird ein Wachstumspfad beschritten. Daraus folgt, dass nicht Zinsen oder Dividenden zu Wachstum führen, sondern *jede* Entscheidung für Investition statt Konsum, *egal aus welchem Einkommen*. Das gilt also auch für hohe Löhne und Gehälter. In einem Geldsystem mit Zins kann kein systemischer Wachstumszwang bestehen, denn grundsätzlich ist niemand gezwungen, seine Zinsen zu akkumulieren, anstatt sie zu verkonsumieren. Auch weil Geld selbst keine Leistung ist, sondern die Kommunikation über Leistungen ermöglicht, ist es unplausibel, im Geldsystem einen Wachstumszwang zu vermuten. Ein originärer Wachstumszwang kann nur auf der Leistungsebene entstehen.

Entscheidend ist am Ende die Verwendung von Arbeitszeit: Wenn stets mehr gearbeitet wird, als für den unmittelbaren Konsum erforderlich ist, und diese Arbeitszeit in den Aufbau von Kapital zur zukünftigen Verwendung gesteckt wird, dann wächst eine Volkswirtschaft (Erhöhung des Kapitalstocks). Normalerweise wäre die Länge eines Arbeitstages ein natürlicher begrenzender Faktor für Investitionen, aber dank der Technologie kann man seine »Produktivität« fast beliebig erhöhen und insofern immer wieder Kapazitäten für Investitionen schaffen. Wir werden in Kapitel 6 aber auch zeigen, dass ein Wachstumszwang weniger durch gezielte Investitionsentscheidungen Einzelner entsteht, sondern durch eine allgemeine Schieflage der Arbeitszeitverwendung in Richtung Investition.

In der Diskussion über Legitimität und Wachstumseffekte von Sparzinsen, Kreditzinsen und Renditen darf man nicht außer Acht lassen, dass all diese Einkommensquellen auch einen tieferen sozialen Sinn erfüllen. Ebenso wie der Gewinn aus Arbeitsleistung sind sie Teil der sozialen Utopie der Marktwirtschaft, denn wenn (und sofern) sie Leistungen entlohnen, kann man nicht auf sie verzichten – und zwar nicht nur aus Gerechtigkeitsgründen. Sie sind ein wichtiger Teil des ökonomischen Kommunikationsprozesses, können allerdings im aktuellen Kreditgeldsystem ihr Potenzial nicht voll entfalten. Wir werden das in Kapitel 5 noch weiter ausführen.

Es ist also zusammenfassend nicht möglich, die Legitimität von Kapitalerträgen an finanzwirtschaftlichen Kategorien festzumachen.

Zinsen, Gewinne, Renditen, Dividenden, aber auch Lohn und Gehalt für Arbeitszeit – alles kann legitim oder auch nicht legitim im Sinne des Leistungsprinzips sein. Kapital muss aufgebaut werden, und man kann nie sicher sein, dass es sich amortisieren wird. Es kann seinen Wert vorzeitig vollständig verlieren. Insofern sind Renditen als Aufwandsentschädigung und Risikoprämie grundsätzlich legitim. Andererseits gibt es auch kein Grundrecht auf Rendite, wie dies manchmal in der Diskussion um die »Enteignung der Sparer durch Nullzinsen« suggeriert wurde. Entscheidend sind die Umstände des Einzelfalls, doch damit kann man keine politischen Maßnahmen begründen, welche einfach, nachvollziehbar und transparent sein müssen. Die ökonomische und für dieses Buch entscheidende Frage ist darum eher, warum in manchen Branchen die Renditen systematisch hoch sind.

Zinsen und Renditen spielen eine wichtige Rolle im Prozess der Kommunikation über die Rentabilität und damit die Wohlfahrtseffekte von Investitionen. In Zeiten von Krisen, massiver Geldmengenausweitung oder schnellen Preisveränderungen gerät dieser sensible Kommunikationsprozess in Gefahr. Deshalb ist es auch ökonomisch bedenklich, Probleme wie Überschuldung, Schieflagen systemrelevanter Banken oder Arbeitslosigkeit mittels Geldpolitik zu bekämpfen (eigentlich: ruhigzustellen), anstatt sich um die eigentlichen Ursachen zu kümmern. Auch wenn das Geldsystem nicht primär als Quelle leistungsloser Einkommen problematisch ist, so ist es doch ausgesprochen ungeschickt organisiert und beeinflusst das Wirtschaftssystem nachteilig. Unter anderem verstärkt es einen Wachstumszwang, der auf der Leistungsebene tatsächlich existiert (Kapitel 6). Aus diesem Grund widmen wir in Teil III, bevor wir die eigentlichen leistungslosen Einkommen analysieren, der faktischen Organisation des Geldsystems ein eigenes Kapitel (Kapitel 5) und diskutieren dort einen Vorschlag, wie die bestehenden Institutionen verändert werden könnten, damit Geld wieder näher an seine soziale Utopie heranrücken kann.

## 4.5 Wettbewerb

Der letzte mehrdeutige Begriff, den wir im Rahmen dieser Einführung erläutern, ist »Wettbewerb«. Es handelt sich dabei um ein sozial geregeltes Verfahren mit dem Ziel, dass die Kontrahenten – bildlich gesprochen – jeweils diszipliniert auf ihrer Bahn um die Wette rennen können und sich nicht gegenseitig Knüppel zwischen die Beine werfen, auf dass der Bessere gewinne. Die praktische Erfahrung, dass im Kapitalismus den Gewinnern unausweichlich Verlierer gegenüberstehen, hat dem Wettbewerb einen ähnlich schlechten Ruf eingebracht wie der Gewinnorientierung und dem Zins. Aber Verlierer gehören nicht zwingend zum Konzept des ökonomischen Wettbewerbs, insofern endet hier die Analogie zum Sport. Fairer Wettbewerb führt eigentlich nur dazu, dass der Bessere *mehr* gewinnt im Sinne eines höheren buchhalterischen Gewinns (Einkommen). Für diejenigen, die nicht so gut sind, kann häufig noch *genug* übrig bleiben. Wir werden im Folgenden darlegen, wie bestimmte Prozesse dazu führen, dass den Verlierern systematisch weniger und weniger bleibt, weil fairer Wettbewerb heute die Ausnahme und nicht die Regel ist.

In einer Marktwirtschaft soll Wettbewerb sicherstellen, dass Anbieter nicht mehr und nicht weniger als den »minimal notwendigen Angebotspreis« verlangen. Sie sollen weder überhöhte Preise festlegen noch in einen ruinösen Wettbewerb verfallen, in dem sie niedrige Kampfpreise (Dumping) einsetzen, die ihre eigenen Kosten nicht decken können. Aus diesen Gründen gibt es Gesetze gegen unlauteren Wettbewerb, gegen Wettbewerbsbeschränkungen etc. Man könnte auch sagen: Wettbewerb soll dazu führen, dass Anbieter als Gewinn (bzw. Lohn oder Gehalt) ein normales Einkommen erzielen, von dem sie leben können, ohne dass man zentral Preise vorgeben muss. Sie sollen als konsumierbares Einkommen exakt ihren Anteil an der gesellschaftlichen Leistungserbringung erhalten.

Hinter der Notwendigkeit von Wettbewerb steht die Erfahrung, dass Menschen auf hohen oder niedrigen Gewinn unterschiedlich reagieren. Die meisten suchen Alternativen, wenn sie ihren Gewinn als unangemessen niedrig empfinden. Unangemessen hohe Gewinne stören jedoch die wenigsten, denn sie schreiben diesen Gewinn eher ihrer persönlichen Leistungsfähigkeit zu als den äußeren Bedingungen. Das wirkt sich auch auf die Preisbildung aus. Von sich aus wird kein Anbieter zu einem Preis verkaufen, der seine Kosten nicht deckt, allerdings wird es keinen Anbieter stören, wenn ein zu hoher Preis am Markt akzeptiert wird. Denn was heißt schon »zu hoch«? Was kann falsch sein an einem Preis, wenn er bezahlt wird? Das Verfahren des Wettbewerbs nutzt an dieser Stelle aus, dass es letztlich die Nachfrager sind, welche das Preis-Leistungs-Verhältnis beurteilen müssen, und dies fällt ihnen umso leichter, je mehr Vergleichsmöglichkeiten sie haben. Sie werden sich für den *preiswertesten* Anbieter entscheiden, und dabei setzen Nachfrager ihre Prioritäten unterschiedlich. Qualität und Langlebigkeit spielen bei vielen immer noch eine bedeutsame Rolle, insofern kaufen sie nicht einfach das billigste Produkt, sondern das mit dem besten Preis-Leistungs-Verhältnis.

Dieses Verhalten der Nachfrager sorgt mit durchschlagendem Erfolg für »ehrliche Preise«, und das funktioniert so: Erfolgreiche Anbieter können ihre Produkte und Dienstleistungen leicht verkaufen. Sie können mit ihren Erlösen schnell ihre fixen Kosten decken, und dann wird die Sache komfortabel, weil sie mit jedem weiteren Verkauf nur noch ihre zusätzlichen (variablen) Kosten decken müssen: Der Gewinn steigt. Erfolglose Anbieter hingegen haben Mühe, mit ihren Erlösen überhaupt ihre fixen Kosten zu decken, sie müssen erst einmal in die »Gewinnzone« kommen. Sie haben nur die Option, durch Senken des Preises (geringere Erlöse) oder Erhöhen der Leistung (höhere Kosten) doch noch genügend Nachfrager von sich zu überzeugen. Die natürliche Grenze ist der Punkt, wo sie von der Differenz von Kosten und Erlösen auf Dauer nicht mehr leben können oder wollen. Gegebenenfalls müssen sie aus diesem Markt ausscheiden und etwas anderes machen. Für die verbleibenden Anbieter entspannt sich dadurch die Lage.

In der anderen Richtung funktioniert es ähnlich: Wenn wenige Anbieter vielen Nachfragern gegenüberstehen, werden die Preise steigen. Entweder verzichten dann einige der Nachfrager, weil es ihnen zu teuer wird, oder weitere Anbieter treten in den Markt ein, weil sie erkennen, dass sich dort Geld verdienen lässt. So oder so: Im idealen Markt der ökonomischen Theorie mit perfektem Wettbewerb findet das Angebot seine Nachfrage, der Markt wird geräumt, und die buchhalterischen Gewinne ermöglichen ein normales Einkommen – der ökonomische Gewinn ist null.

Was hier wieder so überaus harmonisch daherkommt, ist nicht nur die wohlwollende Lesart von Marktwirtschaft, sondern berücksichtigt nur den Leistungswettbewerb, nicht den Innovationswettbewerb. Wer diese beiden Wettbewerbsmechanismen unter »kapitalistischer Konkurrenz« zusammenfasst, vergibt wichtiges analytisches Potenzial, denn sowohl die Voraussetzungen als auch die sozialen Auswirkungen sind jeweils völlig andere. Der Leistungswettbewerb, hinter dem das Ideal des Leistungsprinzips steht, lässt sich nicht unbegrenzt steigern, weil alle Anstrengungen letztlich in den sogenannten abnehmenden Grenzertrag münden. Dabei geht man von einer ähnlichen technischen Ausstattung und vergleichbaren Bedingungen der Anbieter aus, ähnlich wie in unserem Beispiel der zwei Unternehmerinnen, von denen die eine sich besser organisiert als die andere. Kein Unternehmen kann unter solchen Bedingungen den Markt monopolisieren und alle Mitbewerber abhängen, weil *eigentlich* kein Unternehmen seine Leistung beliebig steigern kann, um alle Nachfrager zu bedienen. So etwas ist auf Dauer nur möglich, wenn zum Leistungswettbewerb der Innovationswettbewerb hinzutritt, ein *völlig anderer* ökonomischer Mechanismus, nämlich die Schaffung und Verbreitung von technischen und betriebswirtschaftlichen Neuerungen.

Innovationswettbewerb bedeutet, dass ein Anbieter etwas völlig anders macht als bisher. Der klassische Theoretiker des Innovationswettbewerbs ist der österreichische Ökonom Joseph Schumpeter (1883–1950). Er betonte, dass Innovationen einen Sprung im Preis-Leistungs-Verhältnis des Innovators hervorrufen würden, der andere Anbieter nicht einfach nur unter Druck setzt, sondern ihre ökonomische Grundlage schlagartig infrage stellt.

Schumpeter unterschied zwischen Prozess- und Produktinnovationen. Eine Prozessinnovation ist die Verbesserung der Leistungserbringung, das heißt, das produzierte Gut ändert sich nicht, aber der Weg dorthin oder der anschließende Weg zum Kunden. Eine Prozessinnovation kann in neuen Logistikkonzepten, anderen Vertriebswegen oder der Erschließung neuer Märkte bestehen. Supermärkte statt spezialisierter Lebensmittelgeschäfte sind ein Beispiel. Die klassische Prozessinnovation ist jedoch die technische Rationalisierung, also die Mechanisierung von Handarbeit und die Automatisierung von mechanischer Arbeit. Dazu gehört auch ganz prominent die Rationalisierung des Transportwesens, von der Kutsche über den Lieferwagen bis hin zu 40-Tonnern, Containerschiffen und Luftfracht.

Eine Produktinnovation besteht darin, ein völlig neues, bisher unbekanntes Produkt auf den Markt zu bringen oder aber ein bestehendes substanziell zu verbessern, meistens durch den Einsatz von neu entwickelten Basistechnologien. Die Übergänge zwischen diesen Begrifflichkeiten sind jeweils fließend, es sind vor allem analytische Kategorien. Ein Computer beispielsweise war seinerzeit ein völlig neues Produkt, während das Transistorradio »nur« ein verbessertes Radio war. Es war allerdings so klein und energieeffizient, dass man es als Kofferradio überallhin mitnehmen konnte, es kostete weniger und war obendrein viel robuster als Röhrengeräte. Insofern erlebte es quasi als neues Produkt einen kometenhaften Aufstieg. Typische weitere Produktinnovationen sind Auto, Fernseher und Smartphone.

Die Auswirkungen des Innovationswettbewerbs auf bestehende Märkte sind grundsätzlich keine anderen als beim Leistungswettbewerb. Es geht um Kosten, Erlöse, Gewinne, Preis-Leistungs-Verhältnisse. Allerdings erfolgt aufgrund des sprunghaft verbesserten Preis-Leistungs-Verhältnisses die Umverteilung der Erlöse zu den Innovatoren (und damit die Möglichkeit der Einkommenserzielung) so rasant, dass ganze Industriezweige innerhalb weniger Jahre verschwinden können und neue sich etablieren. Schumpeter sprach enthusiastisch von der »schöpferischen Zerstörung«, ein Begriff, der auch heute noch gerne verwendet wird, um einerseits die kreative

Leistung der Innovatoren hervorzuheben und andererseits die sozialen Auswirkungen einer solchen Entwicklung zu verharmlosen. Wir werden das Thema in Kapitel 6 noch weiter vertiefen.

## 4.6 Nichtmarktgüter

Nicht alle Güter, die wir wertschätzen, können sinnvoll über Märkte angeboten und getauscht werden, aus verschiedenen Gründen. Zu diesen Nichtmarktgütern zählen einige Güter, die besser öffentlich vom Staat bereitgestellt werden, viele, welche »die Natur« bereitstellt, und solche, die nicht sinnvoll mit Geld aufgewogen werden können. Erweitert man die Menge aller Märkte einer Gesellschaft um diese Güter und deren Angebot, dann erhält man eine normale Marktwirtschaft, wie wir sie kennen. »Marktradikale« (eigentlich: Marktextreme) würden hier widersprechen, uns geht es jedoch nicht um eine extreme, sondern um eine praxisgerechte Marktwirtschaft, die Menschen sich schaffen, weil sie Verteilungsprobleme lösen wollen.

Öffentliche Güter erfordern erhebliche finanzielle Aufwendungen, wobei sie üblicherweise nicht verkauft werden (können). Natürlich könnte man auch »Schule«, »Straße« oder »Frieden« privatwirtschaftlich anbieten und dafür von Interessenten Geld bekommen, aber es ist nicht unbedingt effizient, wenn es denn überhaupt funktioniert. Der zweiseitige Tausch funktioniert nur, wenn für beide Seiten transparent ist, was sie aufwenden und wofür – man möchte keine Katze im Sack kaufen. Während diese Leistungen bei »Schule« noch einigermaßen ermittelbar erscheinen und es aus diesem Grunde auch Privatschulen gibt, wird es bereits bei »Straße« absurd. Die Kosten für die Erhebung von Kleinstbeträgen und für die Verhinderung von Schwarzfahrern (in Form von Zäunen, Schranken, Kontrolleuren usw.) wären zu hoch. Für eine Autobahn lässt sich das gerade noch organisieren, aber für die Nebenstraße in einer Ortschaft nicht einmal im Ansatz, von den ganzen sozialen Absurditäten einmal abgesehen. Und wie bringt man Leute dazu, »Frieden« auf dem Markt zu kaufen, wo es doch hierzulande gerade so friedlich ist?

Zudem gibt es bestimmte Güter, die aus guten Gründen nicht über einen Markt angeboten werden sollten, der systematisch Käufer mit mehr Geld bevorzugt: Bildung, Wehrpflicht oder politische Wahlen sind von einem Grundsatz der Gleichheit getragen, der die mitunter sehr destruktive Dynamik von Ungleichheit vermeiden möchte. Es gibt Güter, welche die Gesellschaft nicht mit Geld kaufen kann oder können sollte.

Somit ist es besser, bestimmte Güter nicht über einen Markt zu organisieren, auf dem Anbieter konkurrieren und Käufer in ihrer Entscheidung frei sind, ob und bei wem sie kaufen – wünschenswerte Güter wie diese würden dort nie angeboten.[11] Der Mechanismus, der sich stattdessen herausgebildet hat, ist die Herstellung von öffentlichen Gütern durch eine öffentlich-rechtliche Körperschaft, hier etwas pauschal als »Staat« bezeichnet, finanziert über Steuern und Gebühren. Der Staat tritt also als eigenständiger, stellvertretend für die Gemeinschaft handelnder Akteur in die Ökonomie ein, als »Produzent« von Wohlstand, der dann auch seine Steuern »verdient«. Versorgungsnetze beispielsweise haben extrem hohe Investitionssummen und extrem lange Investitionszyklen, weshalb man sie auch als »natürliche Monopole« bezeichnet. Zwei konkurrierende Strom- oder Wassernetze wären viel zu teuer, diese Güter werden daher sinnvollerweise durch öffentliche Einrichtungen bereitgestellt. Der Staat tritt als Monopolist für diese Güter auf, mit allen Problemen, die sich daraus ergeben (können), wie Ineffizienz, schlechte Qualität und überhöhte Preise in Form von Steuern und Gebühren.

Diese systematischen Probleme sollten weder kleingeredet noch übertrieben werden. Es muss abgewogen werden, ob die öffentliche Bereitstellung eine gute Lösung ist und wie die entstehenden Strukturen demokratisch kontrolliert und beaufsichtigt werden können. In Kapitel 5 plädieren wir dafür, Geld als öffentliches Gut und nicht als Marktgut zu realisieren. Die von uns identifizierten ökonomischen Probleme werden allerdings durch die Bereitstellung und Finanzie-

---

11 Böse Zungen würden behaupten: weil niemand damit einen »Profit« machen könne. Die ökonomisch korrekte Antwort lautet: weil niemand damit ein Einkommen erwirtschaften kann, von dem man leben kann.

rung von mehr oder weniger öffentlichen Gütern nicht gelöst, sodass wir diese Abwägung hier nicht vertiefen.

Naturgüter können, sowohl durch ihre Nutzung als auch durch ihre Zerstörung, einen erheblichen Wettbewerbsvorteil bringen, als Rohstoff oder als Müllhalde. Natürlich müssen die erheblichen Aufwendungen honoriert werden, die mit der Nutzbarmachung von Naturgütern einhergehen, und es muss vermieden werden, dass die Kosten ihrer Zerstörung auf die Gesellschaft abgewälzt werden. Das Leistungsprinzip wird verletzt, wenn es dabei zu einem beträchtlichen Missverhältnis von Kosten und Erlösen kommt, denn eigentlich hat niemand per se einen berechtigteren Anspruch auf Naturgüter als jemand anderes, weil hinter dem Gut selbst keine persönliche Leistung steht. Ein offensichtliches Beispiel für eine solche Übervorteilung ist die Organisation der Erdöl exportierenden Länder (OPEC), die ihr faktisches Oligopol (sehr wenige Anbieter) ausnutzt, um erfolgreich Marktpreise für Erdöl weit jenseits der Kosten durchzusetzen. Aber es gibt auch subtilere Formen, wie wir in Kapitel 6 darlegen werden. Selten ist es eine gute ökonomische Lösung der Probleme, wenn die Naturgüter als öffentliches Gut angeboten werden. Besser ist es, wenn der Staat ihre Nutzung limitiert und ihre Zerstörung verbietet. Geschickterweise kann das derart erfolgen, dass dem Leistungsprinzip Rechnung getragen wird, denn dann kann der Markt den Rest erledigen.

Schließlich gibt es Güter, die durch eine transparente Bewertung im Marktprozess zerstört werden können. Wie »entlohnt« man Liebe, Zuwendung oder Mitgefühl? Gesellschaftliches Engagement oder Aufopferung? Unsere mentale Buchhaltung arbeitet jedoch gerade hier erstklassig, denn solche Güter sind, historisch betrachtet, ihr Spezialgebiet. Nur funktioniert das gerade nicht über Geld, stattdessen haben wir vielfältige Mechanismen der sozialen Anerkennung entwickelt. Aber das ändert nichts an der Bedeutung der sozialen Utopie Marktwirtschaft. Indem wir die Märkte für jene Güter verbessern, die dort sinnvoll angeboten werden können, können wir Marktbeziehungen auch aus jenen sozialen Bereichen heraushalten, in denen sie nichts zu suchen haben.

## 4.7
## Marktwirtschaft kann einfach, robust, effizient und gerecht sein

Wir haben versucht, das Ideal von Marktwirtschaft darzustellen, sozusagen ihre soziale Utopie. Der marktwirtschaftliche Kreislauf hat ganz praktische Vorteile, welche letztlich die hohe Produktivität moderner Ökonomien ermöglichen:

- Marktwirtschaft kann einfach sein. Menschen haben ein Interesse am effizienten Austausch von wirtschaftlichen Leistungen. Dank unserem Sinn für Reziprozität gehorcht auch ein komplexes Austauschgeflecht ziemlich simplen Regeln. Durch die Nutzung von Geld genügt jeweils eine einzige Maßzahl als Wegweiser, nämlich der Preis für Konsumenten und der Gewinn als Differenz von Kosten und Erlösen für Unternehmer. Märkte sind in der Lage, politische Rahmenbedingungen und sonstige Restriktionen in monetäre Signale umzusetzen. Bei geeigneten politischen Rahmenbedingungen werden keine separaten Erfolgsrechnungen für ökologische Nachhaltigkeit oder soziale Gerechtigkeit benötigt. Die heutigen Forderungen, eigenständige Öko- oder Gemeinwohlbilanzen einzuführen, zeigen aber deutlich das Fehlen dieser Rahmenbedingungen auf.

- Marktwirtschaft kann robust sein. Wirtschaftlicher Austausch kann mit jeweils wenigen Beteiligten und unvollständiger Information funktionieren, ohne dass man ihn zentral kleinteilig lenken muss. Die Anpassung von Angebot und Nachfrage über Preise ist ein raffinierter, dezentraler Mechanismus zur stabilen Steuerung eines arbeitsteiligen Prozesses zwischen Unbekannten. Dass es sich um Unbekannte handelt, ist kein Kennzeichen eines sozialen Zerfalls, sondern im Gegenteil die Ausdehnung von Gerechtigkeitsnormen auch auf Fremde, was über lange Zeiträume der Menschwerdung undenkbar bis schwierig war und in traditionellen Ökonomien teilweise heute noch ist. Aufgrund der Steuerungsfunktion über den Preis ist der Markt selbstregulierend, das heißt, Angebot und Nachfrage führen bei bestimmten Preisen immer wieder zu (temporären) Gleichgewichten, zumindest bei jenen Gütern, die regelmäßig und gleichmäßig nachgefragt werden, und das ist der Großteil. Der Preismechanismus ist ein geradezu geniales, indirektes Kommunikationsinstrument über den Wert von Leistungen, und Geld ist das Medium dieser Kommunikation. Dank seiner Möglichkeit, »halbe Tauschgeschäfte« sozial wirksam abzuschließen, ist eine weitgehende räumliche und zeitliche Trennung von Produzent und Konsument kein Hindernis, dementsprechend werden Arbeitsteilung und Spezialisierung sehr erleichtert.

- Marktwirtschaft kann effizient sein. Letztlich bedeutet die sogenannte Pareto-Effizienz des Marktes der Neoklassik nichts anderes, als dass sich im Preisgefüge und der daraus resultierenden Güterproduktion und -verteilung die Wunschverhältnisse der Menschen widerspiegeln. Marktwirtschaft sorgt mit wenig Aufwand dafür, dass die Sachen, die ausreichend nachgefragt werden, auch zu annehmbaren Preisen angeboten werden. Es gibt Budgets: Niemand kann mehr fordern, als er leistet, vermittelt über ein transparentes, öffentliches Medium, nämlich Geld. Unser mentaler sozialer Rechenapparat (Reziprozität) wird durch Geld optimal unterstützt, weil es uns in die Lage versetzt, viel einfacher und objektiver persönliche »Leistungskonten« zu führen.

- Marktwirtschaft kann gerecht sein. Gerechtigkeit ist kein separates Ziel, welches parallel zum Marktmechanismus (oder gar gegen ihn) realisiert werden muss (Peter Ulrich), sondern ein der Marktidee inhärentes Prinzip, welchem durch eine richtige Wirtschaftsordnung bereits im Prozess Geltung zu verschaffen ist (Karl Homann). Die wichtigste Bedingung dafür ist Wettbewerb. Nur Wettbewerb kann verhindern, dass einzelne Menschen die Bedürfnisse anderer ausnutzen und monopolistisch verzerrte Preise setzen können, seien es zu hohe Preise für eigene Leistungen oder zu niedrige Preise für die Leistungen anderer, beispielsweise Löhne. Wettbewerb sorgt dafür, dass die Preise dem gesamtgesellschaftlichen Wert der individuell erbrachten Leistung entsprechen, genauer: dass es zwar zufällige Preisabweichungen nach oben und unten geben kann, aber keine systematischen. Talent und Anstrengung sind zwar keine Garantie, aber doch eine reale Chance für ein angemessenes Einkommen – angemessen im Sinne des Leistungsprinzips.

- Marktwirtschaft kann nicht alles sein. Es geht letztlich nicht um Märkte, sondern um Effizienz. Märkte können einen großen Teil der sozialen Austauschprozesse gut abbilden. Es gibt aber sinnvolle und wichtige Privat- und Gemeingüter, deren Bereitstellung man besser nicht Märkten überlässt. Für Menschen, die aus persönlichen Gründen nicht hinreichend am gesellschaftlichen Produktionsprozess teilnehmen können, bietet der Markt keine Chance. Für diesen Fall kennen Gesellschaften seit jeher andere Mechanismen der sozialen Abfederung. Die Institutionen der Sozialversicherung sind eine großartige Errungenschaft, ein institutionell vermitteltes Reziprozitätsarrangement.[12] Durch eine Verbesserung von Märkten werden sie davon entlastet, heute auch Menschen versorgen zu müssen, die arbeiten wollen, aber keine Arbeit finden, oder die von ihrer Arbeit nicht leben können.

Der Schlüsselbegriff dieser sozialen Utopie ist »Leistung« – ein facettenreicher Begriff, der sich einer einfachen Definition entzieht und letztlich kollektiv *im Einzelfall* definiert wird. Nur aufgrund seines Facettenreichtums und seiner Unbestimmtheit (bei einem objektiven Kern) kann der Begriff »Leistung« überhaupt eine soziale

12 Das heißt nicht, dass diese Institutionen bereits optimal organisiert wären. Die staatlich geförderte private Altersvorsorge beispielsweise ist eher eine politische Verzweiflungstat, und auch das Nebeneinander von privater und gesetzlicher Krankenversicherung und -versorgung entbehrt in vielen Bereichen politischer Rationalität.

Norm begründen, wobei die eigentliche Norm vielleicht sogar eher *Nicht*leistung ist. Marktwirtschaft ist nicht per se gerecht, weil sie als Koordinierungsinstrument unempfindlich gegenüber leistungslosen Einkommen und Ungerechtigkeit ist. Allerdings kann Gerechtigkeit mittels geeigneter politischer Instrumente realisiert werden. Darunter verstehen wir weniger kleinteilige Regulierungsbemühungen wie den Mindestlohn oder die Einschränkung von Zeitarbeit, die wir eher als Ausdruck politischer Ratlosigkeit betrachten, sondern eine grundsätzlich richtige Wirtschaftsordnung, mit der sichergestellt wird, dass Leistung sich auch lohnt.

Das klingt alles sehr marktradikal, aber wir werden zeigen, dass gerade viele Vertreter eines wirtschaftlichen Liberalismus völlig falsche Vorstellungen davon haben, wo heutzutage das Leistungsprinzip verletzt wird. Unabhängig von den Fragen einer sinnvollen Wirtschaftsordnung und sozialer Gerechtigkeit müssen jedoch ökologische Grenzen politisch gezogen werden. Dies ist eine notwendige Vorbedingung für eine nachhaltige Entwicklung, die nicht dauerhaft gegen soziale Notwendigkeiten aufgerechnet werden kann. Solange allerdings das Gerechtigkeitsproblem nicht gelöst ist, ist eine Begrenzung ökologischer Zerstörung in der Tat unrealistisch.

Im Folgenden werden wir nun vier Bereiche diskutieren, in denen die reale Marktwirtschaft gravierend von der skizzierten Utopie abweicht und existenzielle Schieflagen erzeugt – in ökonomischer, ökologischer und sozialer Hinsicht. Wir diskutieren die heutige Geldordnung, die Rolle von Technologie und Ressourcenverbrauch, Grundeigentum und dessen »Lage« sowie die Rolle großer Vermögen. Im Anschluss an jede Problemanalyse schlagen wir politische Maßnahmen vor.

Abschließend resümieren wir unsere Ergebnisse, setzen die vier Bereiche zueinander in Beziehung und skizzieren vor allem das Politikverständnis, das den vorgeschlagenen Maßnahmen zugrunde liegt. Man kann unser Politikverständnis als ordoliberal bezeichnen, ohne dass wir uns dabei unkritisch in eine bestimmte Denktradition stellen (lassen) wollen. Wir versuchen, möglichst wenige, aber gute und einfache Regeln zu finden, welche durch die ökologischen Grenzen einerseits und durch fundamentale Gerechtigkeitsnormen andererseits vorgegeben sind, um möglichst viel individuelle Freiheit innerhalb dieses Rahmens zu gewährleisten.

TEIL III

# Vier Brennpunkte der Marktwirtschaft

Kapitel 5

# Kreditgeld und seine Probleme

Als ersten Brennpunkt der Marktwirtschaft wollen wir das Geldsystem behandeln. Es steht mit leistungslosen Einkommen in einem engen, aber eher indirekten Zusammenhang. Geld hat sich als soziale Innovation in einem mühsamen Prozess über mehrere Tausend Jahre hinweg entwickelt, nicht anders als andere moderne Innovationen wie die repräsentative Demokratie oder eine unabhängige Justiz. Die aktuelle Realisierung des Geldsystems stellt wie jene einen Zwischenstand dar, der weiter verbessert werden kann. Allerdings ist beim Geldsystem und seiner Funktionsweise besonders auffällig, wie weit Glaube und Wirklichkeit auseinanderliegen.

## 5.1 Glaube und Wirklichkeit

Die meisten Menschen glauben, das Geldsystem funktioniere so: Nur die Zentralbank darf Geld drucken, das sie über die Banken in den Geldkreislauf einspeist. Experten der Zentralbank beobachten den Währungsraum, und sie steuern die Geldmenge entsprechend. Menschen heben Geld ab und geben es aus, der Handel zahlt es wieder bei den Banken ein. Es gibt auch unbares Geld (Giral- oder Buchgeld genannt), weil das viel praktischer ist, aber es unterscheidet sich nicht prinzipiell von Bargeld. Wer momentan zu viel Geld hat, spart es, und die Banken können dieses Gesparte gegen Zinsen an andere weiterverleihen, die mit diesem Geld »arbeiten«. So scheint das Geld gewissermaßen als stoffliche Größe durch die Kanäle der Wirtschaft zu fließen, als neutrales Tauschmittel, wie Bargeld halt so fließt.

Diese Vorstellung ist nicht korrekt. Mit der allmählichen, aber umfassenden Einführung von Giralgeld haben die Geschäftsbanken über Jahrzehnte hinweg fast unmerklich das Geldsystem grundlegend verändert. Der überwältigende Teil des gesamten umlaufenden Geldes besteht heute aus unbarem Giralgeld der Banken.[13] Dieses Giralgeld ist von den Banken herausgegeben, es ist kein gesetzliches Zahlungsmittel. Ein Guthaben auf dem Girokonto ist nur eine Zahlungsverpflichtung der Bank, ein *Anspruch* des Kontoinhabers auf Bargeld. Der Unterschied ist im täglichen Umgang nicht spürbar, weil das Nebeneinander von Bargeld und Giralgeld *hier* völlig reibungslos funktioniert, jedoch hat diese subtile Reorganisation des Geldsystems an anderer Stelle bedeutsame Konsequenzen.

Giralgeld kann eine Bank buchstäblich aus dem Nichts selbst erzeugen, beispielsweise indem sie einem Kunden einen Kredit gewährt. Sie schreibt ihm einen Betrag auf dem Konto gut – das war's. Formal nimmt sie noch eine Gegenbuchung in ihrer Bilanz vor (Bilanzverlängerung). Der entscheidende Punkt ist: Banken brauchen im Wesentlichen keine Voraussetzungen, um Giralgeld zu schöpfen, insbesondere brauchen sie keine »Ersparnisse anderer Leute«, die sie »weiterverleihen«. Sie achten primär auf ihre Profitabilität und Solvenz und müssen lediglich und erst im Nachhinein einige Bedingungen der Zentralbank erfüllen, die aber keine echten Hürden für die Geldschöpfung darstellen. Dieser Punkt kann gar nicht genug betont werden.

Bemerkenswert ist, dass diese Erkenntnis den Ökonomen jahrhundertelang bekannt war, jedoch im Laufe des 20. Jahrhunderts geradezu in Vergessenheit geriet. So stellte die britische Zentralbank 2014 klar, wie die Geldentstehung funktioniert, und kritisierte explizit die falsche Darstellung in vielen volkswirtschaftlichen Lehrbüchern. Es liegt schon eine gewisse Ironie darin, dass nach den Erfahrungen vieler Bankenpleiten in vergangenen Jahrhunderten die Zentralbanken die (Bar-)Geldschöpfung zunächst an sich gezogen hatten, die Geschäftsbanken dieses Geldschöpfungsprivileg aber

13 In Deutschland sind ungefähr 90 % Giralgeld und 10 % Bargeld in Umlauf.

nach und nach technisch wieder zurückeroberten, womit sie eine ganze Reihe von Problemen wiederbelebt haben.

Im Gegenzug für dessen Gewährung verpflichtet sich der Bankkunde zur Rückzahlung des Kredites plus Zinsen. Er bleibt jedoch nicht auf seinem Kredit sitzen, sondern gibt ihn aus, beispielsweise als Investition, für Konsumgüter – oder als Staatsausgaben. Bund, Länder und Kommunen sind nicht nur in Deutschland bei Banken und Finanzakteuren hoch verschuldet. Aus diesem Grund sind die meisten Guthaben auf Girokonten nicht als Kredit *ihres* Kontoinhabers entstanden, sondern weil dieser Geld von jemandem erhalten hat, der Geld von jemandem ... erhalten hat, der einen solchen Kredit aufgenommen hat (wozu auch Dispositionskredite gehören). Da Guthaben stets der Schuld eines anderen entsprechen, kann Giralgeld nur durch zwei Möglichkeiten »gelöscht« werden: durch Rückzahlung des Kredites oder durch Insolvenz der Bank. Wenn eine Bank pleitegeht, dann steht ihren realen Anlagegütern ein Vielfaches an Giroguthaben gegenüber, sodass der Großteil dieser Guthaben buchstäblich seinen Wert verliert und bis zu einer bestimmten Höhe vom Einlagensicherungsfonds der Banken erstattet wird.

Dazu muss man wissen, dass die Banken untereinander und mit der Zentralbank immer noch »altmodisch« abrechnen: mit gesetzlichem Zahlungsmittel, welches nur von der Zentralbank herausgegeben wird. Schon daran kann man erkennen, dass Giralgeld »anderes« Geld ist als Zentralbankgeld. Die Zentralbank ist aber ebenfalls mit der Zeit gegangen und hat ihre Geldschöpfung von bar auf unbar umgestellt. Geldschöpfung der Zentralbank bedeutet demnach heute eine *Kreditgewährung* der Zentralbank an eine Geschäftsbank. Dafür besitzt jede Geschäftsbank ein eigenes Konto bei der Zentralbank. Diese Kredite sind im Gegensatz zu einem Bankkredit gesetzliches Zahlungsmittel, da sie von der Zentralbank gewährt werden. Man kann (und sollte) sich die innere Logik des Geldkreislaufes als vollständig unbar vorstellen. Bargeld stellt dann einfach einen »materialisierten« unbaren Zentralbankkredit dar. Weil Geld der Zentralbank ein anderes Geld ist als das der Geschäftsbanken, hat es auch einen anderen Namen. Historisch bedingt und etwas missverständ-

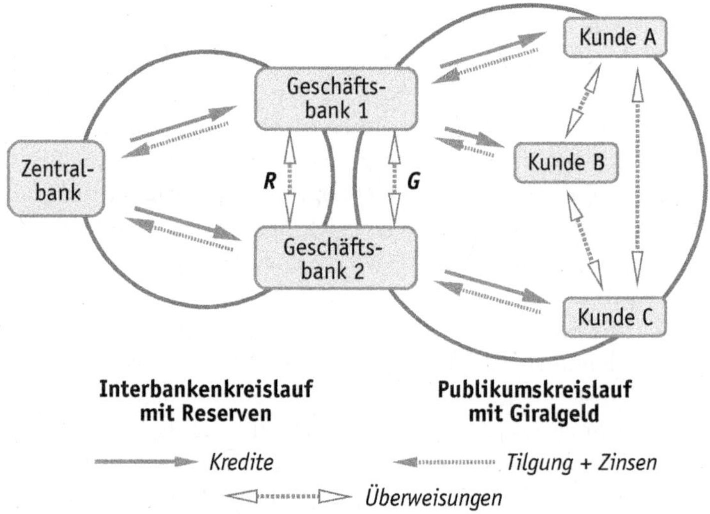


**Abbildung 4:** Der gesplittete Geldkreislauf. Die jeweiligen Geldarten bleiben stets innerhalb ihres Kreislaufs, mit Ausnahme des hier nicht dargestellten Bargelds.

lich nennt man es »Reserven«. Auch die Zentralbank schöpft dieses Geld aus dem Nichts, aber das ist ja auch ihre Aufgabe.

Im Grunde kann man sich das als gesplitteten Geldkreislauf vorstellen (siehe Abbildung 4): Die Zentralbank vergibt Kredite (Reserven) an die Banken, die Banken vergeben Kredite (Giralgeld) an ihre Kunden. Banken können bei der Zentralbank Bargeld von ihrem Zentralbankkonto abheben (mit einem Geldtransporter), Bankkunden bei ihrer Bank von ihrem Girokonto (am Geldautomaten). Der Interbankenkreislauf der Reserven (linke Seite) erfüllt dabei mehrere Aufgaben. Reserven dienen erstens der Abrechnung der Geschäftsbanken untereinander. Wenn Kunden Geld von einer Bank zu einer anderen überweisen, dann will die Empfängerbank nicht das Giralgeld der Absenderbank haben, sondern »richtiges« Geld, also Reserven. Da täglich viele Kundenüberweisungen hin und her gehen, ist der letztlich auszugleichende Restsaldo meist gering (rechte Pfeile »G« zwischen den Geschäftsbanken). Dauerhafte Restsalden müssen über die Zentralbankkonten der beteiligten Banken ausgeglichen werden (linke Pfeile »R«). Zweitens müssen Banken ausreichend Bargeld»reserven« vorhalten (Kassenbestände), falls Kunden ihr Geld abheben möchten. Da Bargeld aber auch wieder eingezahlt wird, ist der Kassenbestand in etwa konstant.

Drittens spielen die Reserven eine etwas eigenartige Rolle bei der Geldschöpfung der Banken. Eine Geschäftsbank ist gesetzlich verpflichtet, das von ihr ausgereichte Giralgeld zu einem bestimmten Anteil durch Reserven zu »decken«. Diese Mindestreserve entspricht einem Mindestguthaben auf dem Zentralbankkonto dieser Bank. Sie beträgt in Deutschland für Giralgeld ein Prozent, Großbritannien hat sie hingegen abgeschafft. Reicht die Mindestreserve nicht aus, muss die Bank weiteren Kredit bei der Zentralbank aufnehmen, sie also bitten, neue Reserven zur Verfügung zu stellen, das heißt, Zentralbankgeld zu schöpfen. Dies ist eine unechte Hürde, welche die Zentralbank aufgebaut hat, denn sie stellt *jederzeit* Reserven zur Verfügung, verlangt dafür aber die sogenannten Leitzinsen und die Hinterlegung von Sicherheiten, was wiederum ein Thema für sich ist. Die Zinseinnahmen der Zentralbank werden an die Finanzministerien abgeführt und landen wieder im Staatshaushalt.

Über diesen Weg versucht die Zentralbank, die Kreditfreudigkeit der Banken zu beeinflussen. Sie steuert nicht die Geldmenge, sondern den Preis von Zentralbankgeld, und sie bietet den Banken gegebenenfalls auch aktiv Zentralbankgeld an. Für die Geschäftsbanken ist es also nur eine Kostenfrage, ob sie Giralgeld schöpfen wollen oder nicht, und (nur) für diese Kostenfrage spielen auch Spareinlagen eine Rolle. Banken sind für ihre Kreditvergabe grundsätzlich nicht auf Spareinlagen angewiesen, nutzen sie aber, um die Kredite nachträglich zu refinanzieren. Wer sein Geld bei einer Bank anlegt, erhöht ihre Planungssicherheit und reduziert die kostspielige Notwendigkeit, Reserven bereitzuhalten. Daher sind Banken bereit, Zinsen auf Spareinlagen zu zahlen, also Kosten aufzuwenden, wenn diese und andere Kosten ihrer Kreditvergaben durch die Einnahme der Kreditzinsen gedeckt werden können. Derzeit ist Zentralbankgeld allerdings praktisch umsonst zu haben *(quantitative easing)*, weshalb die Zinsen auf festverzinsliche Spareinlagen momentan bei null liegen – der Rentier sitzt diesbezüglich auf dem Trocknen.

## 5.2 Probleme des aktuellen Geldsystems

Die Geldmenge ergibt sich also in erster Linie aus dem Zusammenspiel von Kreditvergabe und -tilgung und damit aus dem Marktprozess, nicht aus einem hoheitlichen Akt. Und schon gar nicht fließt Geld auf ewig durch die Kanäle der Wirtschaft. Eher sprudeln plötzlich Quellen, und irgendwann muss das Geld immer an seine Quelle zurück. Viele Zusammenhänge im Geldsystem kann man also verstehen, wenn man weiß:

- Für jeden Euro Giralgeld im Umlauf besteht irgendwo eine individuelle Kreditschuld, genauso wie bei einem einzelnen Schuldschein (Tontäfelchen). Die Schuldner können dabei Personen, Unternehmen oder Staaten sein. Die Summe der Forderungen entspricht also exakt der Summe der Verbindlichkeiten (Kreditschulden).
- Einem Kredit geht kein Sparen von Geld voraus, sondern im Gegenteil schafft der Kredit erst das Geld, das dann (später) gespart werden kann.
- Werden Forderungen akkumuliert, so steigen notwendigerweise irgendwo die Schulden. Damit ist jede Schuldenkrise zwangsläufig auch eine Vermögenskrise.
- Genauso kann eine Schuldenbremse öffentlicher Haushalte nur funktionieren, wenn sie als Vermögensbremse wirkt.

Ungeachtet der zwischen Ökonomen offenen Streitfrage, ob die Zentralbank noch die Kontrolle über die Geldmenge hat oder nicht oder ob sie diese überhaupt haben soll, ist die Aufgabenteilung von Zentralbank und Geschäftsbanken grundsätzlich sinnvoll. Banken übernehmen volkswirtschaftlich wichtige Aufgaben, wenn sie große Kredite mit langer Laufzeit finanzieren, indem viele andere ihr Geld mit kurzer Laufzeit anlegen und dabei die Risiken verteilt werden.

Problematisch an der Konstruktion des Geldsystems sind unter anderem folgende Punkte:

- Der Großteil des umlaufenden Geldes ist kein gesetzliches Zahlungsmittel und prinzipiell von Bankenpleiten bedroht. Dass diese Gefahr alles andere als theoretisch ist, hat zuletzt die Bankenkrise 2007/08 gezeigt.

- Haushalte haben keine Möglichkeit, gesetzliches Zahlungsmittel unbar zu besitzen und zu verwenden. Sie können sozusagen aus dem Giralgeld der Banken nicht aussteigen, weil der größte Teil aller Zahlungen unbar abgewickelt wird.

- Eine Einzahlung auf ein Girokonto stellt immer einen Kredit an die Bank dar. Im Gegensatz dazu stellen die Aktien in einem Wertpapierdepot tatsächlich ein Eigentum des Kunden dar. Den Unterschied bekamen beispielsweise Kunden gefährdeter zypriotischer Banken zu spüren: Geldanlagen bei diesen Banken, deren Wert 100.000 Euro überstieg, wurden um bis zu 50 % gekürzt, um die Schulden der Kreditinstitute zu reduzieren *(bail-in)*.

Schafft man – wie einige Ökonomen fordern – auch noch das Bargeld ab, hat die Bevölkerung gar keinen Zugang mehr zu gesetzlichem Zahlungsmittel. Den Verlust dieser »geprägten Freiheit« (Fjodor Dostojewski) halten wir für nicht hinnehmbar.

Vor allem aber ist die *kollektive Geldversorgung* abhängig von *individuellen Schuldverpflichtungen*, und das ist aus unserer Sicht ein ganz entscheidender Punkt. Per Definition gilt: ohne Kredit keine Geldversorgung. Genügend Giral- und Bargeld sind nur vorhanden, wenn genügend Wirtschaftsakteure bei Banken verschuldet sind. Das ist eine unglückliche Verquickung zweier völlig unterschiedlicher Funktionen von Geld, nämlich Zahlungsmittel und Forderungsverwaltung.

Außerdem werden Kredite von den Banken nur vergeben, wenn sie fest an die Profitabilität der Investition glauben oder wenn gute Kreditsicherheiten vorhanden sind, wie Immobilien oder Land. Bei guter Konjunktur sind die Erwartungen positiv, die Risiken erscheinen klein, und es werden viele Kredite vergeben. Gleiches passiert bei steigenden Immobilienpreisen, die durch Kreditvergaben weiter angefeuert werden. Kehrt sich die Entwicklung um, und die Erwartungen werden schlechter, kann die Kreditvergabe und damit die Geldversorgung stocken. Grundsätzlich besteht in einem solchen Geldsystem die Tendenz zu Kreditzyklen, die erst zu Blasen und dann zu Zusammenbrüchen führen können *(boom and bust)*. Andere Autoren wie Joseph Schumpeter haben eine positivere Sicht auf Kreditgeldschöpfung, sie ermögliche nämlich erst die wirtschaftliche Dynamik, weil Investitionen und Innovationen finanziert werden können, ohne dass vorher gespart werden muss. Wie wir in Kapitel 6 erläutern werden, sorgt der Innovationswettbewerb für eine geradezu unnatürlich hohe »Dauerinvestitionsbereitschaft«, bei Unternehmen wie bei Konsumenten. Schumpeters positive Sicht setzt voraus, dass erstens wirtschaftliche Dynamik ein Wert an sich ist und zweitens mit Krediten tatsächlich innovative Unternehmer finanziert werden und nicht vornehmlich die Steigerung von Vermögenswerten wie Immobilien.

## 5.3 Staatliche oder private Geldschöpfung?

Die hier angeschnittene gesellschaftliche Debatte wird geführt, seit es Geld und seine Vorläufer gibt, im engeren Sinne seit Beginn des 19. Jahrhunderts und insbesondere seitdem die *Bank of England* 1844 das Recht zur Ausgabe von Banknoten im Vereinigten Königreich an sich zog. In dieser Debatte gab und gibt es zwei gegensätzliche Standpunkte:

- Die *Banking School* ist der Ansicht, dass sich Geld als individuelles Leistungsversprechen aus einem Marktprozess ergibt und dass daher Banken (eigentlich: alle Marktteilnehmer) in der Lage sein sollten, Geld als Kredit herauszugeben und Kredite als Geld zu akzeptieren. Diese individuellen Leistungsversprechen seien die eigentliche Deckung von Geld, und *nur* der Marktprozess sei in der Lage, über Kredite die »notwendige« Geldmenge zur Verfügung zu stellen bzw. auch wieder einzuziehen (endogene Geldmengensteuerung).

- Die *Currency School* betrachtet Geld als universelles Zahlungsmittel, das keiner individuellen Kreditschulden bedürfe, um existieren zu können, und dessen Stabilität (= Geldmenge) von außen gewährleistet werden müsse (exogene Geldmengensteuerung). Die Herausgabe von Geld sei somit ein hoheitlicher Akt. Aufgrund der damaligen Situation in Großbritannien wurde eine 100-prozentige Golddeckung von neu ausgegebenen Banknoten gefordert, um einer Inflation durch eine »Banknotenschwemme« vorzubeugen. Banknoten sollten ohne jede Beschränkung stets in den entsprechenden Goldwert umgetauscht werden können.

Für das Wesen von Geld ist es letztlich unerheblich, ob es als Bargeld oder Giralgeld zirkuliert und ob Banken eigene Banknoten als Bargeld oder Kredite als Giralgeld herausgeben. Der eigentlich ökonomisch bedeutsame Akt ist die *Schöpfung* von Bargeld oder Giralgeld – und die zentrale Frage ist daher, wer das Recht dazu haben soll. Aus unserer Sicht haben beide Standpunkte ihre Berechtigung, sie müssen allerdings zum einen in ihren historischen Kontext und zum anderen in den Kontext einer (Nicht-)Wachstumspolitik eingeordnet werden.

Die *Banking School* hat recht, wenn sie sagt, dass jede Deckung von Geld nur durch Leistungsversprechen erfolgen könne, nicht durch ein wie auch immer geartetes Material oder die Autorität des Staates allein. Insofern unterlag die *Currency School* mit ihrer Forderung nach einer expliziten Golddeckung einem historischen Irrtum.

Andererseits setzt die *Banking School* Schumpeters dynamische und sich weiterentwickelnde Wirtschaft gedanklich immer schon voraus, wenn sie befürchtet, dass die Geldversorgung bei einer exogenen Geldmengensteuerung »zu starr« sein könnte.

Beide Schulen vernachlässigen, dass sich der wirtschaftliche Austauschprozess eigentlich in zwei Sphären aufteilt, die unterschiedliche Ansprüche an das Geldsystem stellen: Da ist einerseits die recht stetige, berechenbare Sphäre der Grundversorgung, also all jene Güter, die kontinuierlich nachgefragt und hergestellt werden und wo man mit guter Berechtigung von einem kollektiven Leistungsversprechen sprechen kann, sodass Geld vor allem eine Zahlungsmittelfunktion erfüllen muss, die man ohne individuelle Verschuldung gewährleisten kann. Da ist andererseits die unstete, unberechenbare, dynamische Sphäre der Innovationen und der Investitionen, die nicht nur den technischen Fortschritt, sondern auch Phänomene wie Hausbau oder Infrastrukturausbau betreffen. Dort begegnen sich individuelle Kreditgesuche von Investoren und individuelle Kreditangebote und -prüfungen von Banken, also die klassische Aufgabe der Kreditwirtschaft. Die neoklassische Theorie beschreibt eher die erste Sphäre, während konkurrierende ökonomische Schulen sich eher die zweite vornehmen.

Aus der neoklassischen Perspektive heißt die Alternative plakativ: Investition *oder* Konsum, und Geld soll dabei neutral sein. Einer Investition muss also indirekt ein Konsumverzicht entsprechen, denn der gesellschaftliche Leistungspool (Arbeitszeit) ist auf kurze Sicht nicht beliebig vergrößerbar. Mit der freien Geldschöpfung via Kreditvergabe erzwingt eine Bank sozusagen ungefragt die Umlenkung von Arbeitszeit weg von der Produktion von Konsumgütern hin zu Investitionsgütern. Wenn der Konsum grundsätzlich hoch ist und die Grundbedürfnisse übersteigt, fällt das nicht weiter auf, aber die Ökonomie besitzt auf diese Weise eine charakteristische Schieflage zugunsten von Investitionen. Geld ist also nicht im Geringsten neutral, sondern seine tägliche Neuschöpfung steuert den Einsatz von wirtschaftlichen Ressourcen. Eigentlich müsste stattdessen ein Investitionskredit vorher über Spareinlagen, also den expliziten

Konsumverzicht Einzelner, *finanziert* werden.[14] Heutzutage ist die Kreditvergabe dadurch erleichtert, dass sie unabhängig von eingeworbenen Spargeldern ist. Die gesellschaftliche Tretmühle gibt es auch deshalb, weil ständig ungefragt Mittel umgelenkt werden, vom Konsum in Richtung Investition. Hohe Investitionen in Produktionsanlagen oder Infrastruktur sind aber alles andere als natürlich oder unvermeidlich oder gar »gut«, sondern eher das Ergebnis eines zu hohen Rohstoffverbrauchs, wie wir in Kapitel 6 ausführen werden.

## 5.4 Politische Maßnahmen

Aus unserer Sicht besteht die eigentliche soziale Innovation des modernen Geldes vor allem in der Loslösung von der individuellen Leistungsverpflichtung (private Geldschöpfung durch Verschuldung) und dem Übergang in eine kollektive Leistungsverpflichtung (staatliche Geldschöpfung), die letztlich eine Verbreiterung der Vertrauensbasis bedeutet. Unter dem Stichwort »Vollgeld« wird in der Debatte über das Geldsystem eine Reform der Geldschöpfung diskutiert. Man könnte den Geschäftsbanken die Schöpfung von Giralgeld wieder untersagen, wie man ihnen historisch schon einmal die Ausgabe eigener Banknoten untersagt hat. Der gesplittete Geldkreislauf würde überflüssig, und alles Geld, Bargeld ebenso wie Giralgeld, wäre Zentralbankgeld. Damit wäre die kollektive Geldversorgung unabhängig von individueller Verschuldung. Die Banken würden nicht mehr die Geldversorgung der Wirtschaft übernehmen, sondern nur noch die Umlenkung der Gelder und damit von Leistungsansprüchen an jene Stellen, die Bedarf an Leistungen haben. Sie wären weiterhin (oder vielmehr erst dann) die Fachleute für *Finanzierung*, also

14 In Krisenzeiten sieht es noch einmal ein bisschen anders aus. Wenn aufgrund verschiedener Umstände die Leistungsfähigkeit der Wirtschaft nicht voll ausgeschöpft ist, kann neu geschaffenes Geld (Bankkredite) zusätzliche Nachfrage schaffen und damit die Wirtschaft stabilisieren. Allerdings ist gerade in Krisenzeiten auch das Interesse an Kreditvergabe und Investitionen gering. Daher fordern »Keynesianer« seit Langem, dass in so einem Fall der Staat realistischerweise diese Rolle übernehmen müsste.

für die Beurteilung von Chancen und Risiken privater Kreditentscheidungen, und für das Auftreiben (!) der entsprechenden Mittel. Ironischerweise würde das Geldsystem dann in etwa so funktionieren, wie die meisten heute ohnehin glauben: Geld würde durch die Kanäle der Wirtschaft fließen, und Banken würden die Ersparnisse anderer Leute verleihen. Das Geldwesen würde wieder einfach und verständlich – es würde seiner sozialen Utopie der Neutralität ein gutes Stück näher kommen. Einfachheit und Verständlichkeit sind starke Argumente in sich, denn alle guten sozialen Institutionen sind strukturell einfach.

Die Debatte um Vollgeld ist derzeit hochaktuell. Kontrovers sind dabei vor allem folgende Punkte:

- Wie restriktiv soll die Zentralbank die von ihr geschöpfte Geldmenge handhaben, und wie unabhängig von politischen Vorgaben soll sie dabei sein? Inwieweit kann und soll die Zentralbank versuchen, darüber die Wirtschaft zu steuern? Unter dem Begriff »Monetative« wird diskutiert, die Geldmenge von einer politisch unabhängigen Zentralbank als »Vierter Gewalt« strikt kontrollieren zu lassen. Manche bezweifeln, dass eine solche Zentralbank jemals frei von schädlicher politischer Einflussnahme sein könnte. Ebenso wird bezweifelt, dass die Geldmenge je vollständig unter Kontrolle zu bringen sei.

- Wie stark würde Vollgeld die Wirtschaft »beruhigen«? Würde ein ausgewogener Leistungsfluss ohne *boom and bust* erreicht oder die Grabesruhe eines ökonomischen Friedhofs, auf dem sinnvolle Investitionen aufgrund von Geldmangel unterbleiben? Es gibt allerdings auch Ökonomen, die sich von Vollgeld explizit positive Wachstumseffekte erhoffen, weil ökonomisch unsinnige Geldverwendungen seltener würden.

- Welche Auswirkungen hätte diese Reform auf die internationalen Kapitalmärkte? Würde die Währung an Wert verlieren oder gewinnen?

Erschwert wird die Debatte durch zahlreiche Heilsversprechen seitens einiger Vollgeldbefürworter, die nicht nur das Ende aller ökonomischen Krisen prophezeien, sondern auch eine Verschiebung ökonomischer Aktivitäten hin zu ökologisch sinnvollen Investitionen und das Erreichen von mehr sozialer Gerechtigkeit. Wir halten es für illusorisch, ein ökonomisches Problem, das auf der Leistungsebene besteht (siehe Kapitel 6), lediglich durch Modifikationen des Kommunikationsmediums (Geld) lösen zu wollen. Andererseits sehen wir durchaus den Einfluss, den die konkrete Organisation dieses Kommunikationsmediums auf die Wirtschaft hat. Eine detaillierte Diskussion solcher Vorschläge geht über den Rahmen dieses Buches hinaus, zumal viele Fragen noch ungeklärt sind. Aber wir sind zuversichtlich, dass hier Möglichkeiten entstehen, einige Marktverzerrungen zu beheben und Marktwirtschaft zu verbessern.

## Kapitel 6

# Technologie, Ressourcenverbrauch und Wachstumszwang

In der Einführung hatten wir die Frage aufgeworfen, warum Wirtschaftswachstum derart essenziell ist, dass ihm ökologische, aber auch gewisse soziale Ziele systematisch untergeordnet werden müssen. Solche Verhältnisse bezeichnen wir als »Wachstumszwang«. Damit kommen wir zum zweiten Brennpunkt der Marktwirtschaft, denn die Notwendigkeit einer wachsenden Wirtschaft liefert den Schlüssel zum Verständnis vieler aktueller Politikmaßnahmen.

Wirtschaftswachstum ist ein kollektives Phänomen, das sich aus unzähligen Handlungen vieler Menschen ergibt. Um zu verstehen, wie es zustande kommt, muss man sich analytisch auf die Mikroebene dieser Menschen hinunterbegeben und ihre Motivation, ihr Handeln oder ihr Unterlassen beleuchten. Wie kommt es zu jenen kleinen Beiträgen, deren Summe wir als wachsendes Bruttoinlandsprodukt auf der Makroebene der Volkswirtschaft messen?

Man muss vor allem zwischen Makro- und Mikroebene unterscheiden, um zwei Aspekte eines Wachstumszwanges auseinanderzuhalten. Die eine Frage ist, wie sich ein Wachstumszwang *sozial und ökonomisch* äußert. Wann sagen wir von Menschen oder von Firmen, dass sie einem Wachstumszwang unterliegen? Welche Handlungen erscheinen ihnen aufgrund welcher Umstände als alternativlos? Hier besteht seit Langem eine Debatte, ob ein »Wachstumszwang« überhaupt ein sinnvolles Konzept ist und welche Mechanismen dafür infrage kämen. Der Begriffs des Zwanges wird dabei oft sehr weit gefasst, von internalisierten gesellschaftlichen Erwartungen (»Wollen, was man soll«) bis hin zu existenziellen Konsequenzen *(grow or die)*. Die andere Frage ist, warum man einen vermuteten Wachstumszwang nicht einfach abstellt, warum sich also ein Wachstumszwang auch *politisch* als alternativlos darstellt. Wann sagen wir von Staaten, dass sie einem Zwang zur Wachstumspolitik unterliegen? Aus welchen Gründen erscheinen Politikern welche Maßnahmen als alternativlos? Die Differenzierung beider Aspekte ist zentral für die Analyse. Es ist leicht, »mutlose Politiker« zu kritisieren, sie würden sich an die ökologische Frage nicht richtig herantrauen. Sicherlich unterliegt Politik als solche keinem Wachstumszwang. Um zu verstehen, wie Wachstum zur politischen Obsession wird, muss man vor allem die Frage beantworten: Wie sieht der individuelle Wachstumszwang aus, und was folgt daraus für die Politik?

## 6.1 Was ist ein Wachstumszwang?

Das Wort »Zwang« suggeriert Alternativlosigkeit, aber bei sozialen Zwängen geht es praktisch nie um Alternativlosigkeit. Man wird nicht gewaltsam gezwungen, etwas Bestimmtes zu tun, wenn man es aber nicht tut, vergrößern sich kontinuierlich die Schwierigkeiten. Wirklich alternativlos sind physiologische und soziale Grundbedürfnisse. Das sind objektive Notwendigkeiten. In modernen Gesellschaften bedeutet das vor allem, ein (Basis-)Einkommen zu erzielen. Es gibt hierzu keine realistische Alternative, wohl aber verschiedene Formen der Einkommenserzielung, und damit eröffnen sich Entscheidungsspielräume. Ein sozialer Zwang liegt unseres Erachtens nur vor, wenn soziale Bedingungen die Entscheidungsspielräume für die Alternativen einer *objektiven Notwendigkeit* systematisch und massiv in eine Richtung verschieben. Die Ehe mag als Beispiel für einen sozialen Zwang dienen. Bis 1969 konnte ein unverheiratetes Paar in Deutschland kaum eine Wohnung mieten, denn der Vermieter machte sich strafrechtlich der Kuppelei schuldig. Somit bestand damals ein sozialer Zwang zur Ehe, um die Grundbedürfnisse Unterkunft und Liebesbeziehung befriedigen zu können. Die Zeiten haben sich geändert.

Ein *Wachstumszwang* als Spezialfall eines sozialen Zwanges besteht in sozialen Bedingungen, die von einem Akteur ständig höhere ökonomische Anstrengungen erfordern, um *objektive Notwendigkeiten* zu befriedigen und dadurch *existenzielle Konsequenzen* zu vermeiden. Er bedeutet eine systematische Schieflage, Investition gegenüber Konsum (bzw. Arbeit gegenüber Freizeit) zu bevorzugen. Auf die überwältigende Mehrheit der gesellschaftlichen Akteure wird ein Druck ausgeübt, dem sie irgendwann nicht mehr widerstehen können und wollen (!), weil entweder Einkommensverlust oder soziale Exklusion drohen.[15] Damit definieren wir einen Wachstumszwang relativ strikt: objektive Notwendigkeiten, existenzielle Konsequenzen. Schwächere Formen wie soziale Erwartungen (»Was sollen die Nachbarn denken?«) oder »erzeugte Bedürfnisse« reichen unseres Erachtens nicht aus. Diese Differenzierung ist notwendig, um nicht in einer argumentativen Beliebigkeit zu enden. Letztlich kann nur ein ökonomisch begründeter Wachstumszwang für das Phänomen fortgesetzter Wachstumspolitik verantwortlich sein, also ein Wachstumszwang auf der Leistungsebene. Der machtvollste Weg, sozialen Druck aufzubauen, sind deutlich höhere und niedrigere Preise für die infrage kommenden Alternativen. Man muss sich dann aufgrund des begrenzten Budgets immer häufiger für die preiswertere Variante entscheiden. Genauso können sinkende Einnahmen die Profitabilität und damit die Existenz eines Unternehmens bedrohen oder sinkende Löhne die wirtschaftliche Existenz von Personen. »Soziale« Exklusion ist für Wirtschaftswachstum nur relevant, wenn sie eigentlich ökonomische Exklusion bedeutet.

Die Existenz eines ökonomischen Wachstumszwangs würde jenen widersprechen, die das Festhalten am Wirtschaftswachstum für kulturelle Prägung halten (»das Wachstumsparadigma in den Köpfen der Menschen«) und persönliche Eigenschaften wie Konkurrenzdenken, Profitorientierung oder Konsumismus verantwortlich machen. Ein ökonomischer Wachstumszwang schließt Ideologien oder

15 Mit sozialer Exklusion bezeichnen wir sehr weitgehende, »harte« Formen sozialer Ausgrenzung, nicht lediglich »sozialen Druck«.

Wachstumsdogmen nicht aus, aber wenn er existiert, wird jeder kulturelle Wandel an ihm scheitern. Der Wachstumszwang wäre das primär zu lösende Problem, und nach unserer Analyse lässt sich die breite Debatte über vermutete Wachstumszwänge auf relativ wenige Mechanismen eindampfen.

Dabei ist zu beachten, dass ein Wachstumszwang das Rätsel noch nicht vollständig löst. Es gibt »Angebote, die man nicht ablehnen kann«, lange bevor irgendein ökonomischer Zwang auftritt, vor allem im privaten Bereich. Wir betrachten sie als *Wachstumstreiber*, die einen eigenständigen Druck ausüben, der jedoch im Gegensatz zum Wachstumszwang nicht existenziell ist. Viele Autoren, die sich mit Wachstum befassen, betonen die Bedeutung technischer Innovationen und Infrastrukturen auch für Haushalte, insbesondere für den gesamten Bereich beruflichen Fortkommens, aber auch für das Mithalten im Privatleben. Entwicklungen wie die autogerechte oder die internetgerechte Gesellschaft setzen zunächst einen bestimmten *Konsum* voraus. Darauf gehen wir weiter unten ein.

## 6.2
## Wachstumszwang für Unternehmen

Für Unternehmen ist die Frage zu klären, welche Bedingungen eigentlich ihre Profitabilität und damit ihre Existenz gefährden können. Wir hatten in Kapitel 4 hervorgehoben, dass zwei Wettbewerbsmechanismen unterschieden werden müssen. Der »normale« Leistungswettbewerb begrenzt die wirtschaftliche Macht und die Einkommen der einzelnen Akteure auf ein angemessenes Maß und ist nicht für einen Wachstumszwang verantwortlich. Der Innovationswettbewerb, die Schaffung und Verbreitung von technischen und betriebswirtschaftlichen Neuerungen, ist dagegen schon interessanter.

Spätestens seit den 1950er-Jahren hat die ökonomische Theorie anerkannt, dass es für stetiges Wachstum nicht ausreicht, einfach mehr und mehr Kapital einzusetzen. Stattdessen wurde die Bedeutung des technischen Fortschritts im Sinne von Produktivitätssteigerungen betont und zumeist mit verbesserter Bildung oder gesteigertem Wissen erklärt. Man spricht auch von »Humankapital«, weil man in dieses Wissen investieren muss. Dahinter steht ein Bild vom technischen Fortschritt in Form von immateriellen, potenziell beliebig steigerbaren Ideen: »Den Menschen ist noch immer etwas eingefallen!« Allgemein werden technologische Innovationen als besondere Leistung betrachtet, Ausdruck der überragenden Fähigkeit des Menschen, die natürlichen Beschränkungen zu überwinden und die Welt als großen Landschaftsgarten zu kultivieren, insbesondere auch sich von harter körperlicher Arbeit zu emanzipieren. Technischer Fortschritt erscheint als natürlich und unvermeidlich, denn man will und kann Gedanken und Ideen ja nicht einschränken.

Man kann Technologie aber auch nüchterner betrachten. Mit dem Fokus auf Arbeit, Kapital und Ideen wurde die Rolle natürlicher Ressourcen übersehen. Viele »Ideen« bestanden letztlich darin, technische Lösungen zu entwickeln, mit denen Produktionsprozesse von Maschinen erledigt werden konnten. Zunächst wurden sie genutzt, um mechanische Bewegungen in Webstühlen oder Dreschmaschinen zu verrichten und damit harte körperliche Arbeit zu ersetzen. Entscheidend war aber nicht die körperliche Härte der Arbeit, sondern ihr Preis. Maschinen waren billiger.

Stellen Sie sich einen Landwirt vor, der heutzutage noch sein Getreide mit der Hand mähen und ein Ochsengespann nutzen würde. Er mag talentiert und engagiert sein, aber sein Einkommen würde äußerst gering bleiben. Mit einem Traktor und anderen Landmaschinen würde er auf jeden Fall besser dastehen. Das ist ein typischer Fall von Innovationswettbewerb, und ihm unterliegen nicht nur die Landwirte, sondern auch die Traktorenhersteller. Die interessante Frage ist dabei nicht, wer den besseren Traktor herstellt (welcher Traktorenhersteller also den anderen Traktorherstellern überlegen ist – Leistungswettbewerb), sondern warum selbst der schlechteste Traktor dem besten Ochsengespann *weit* überlegen ist (Innovationswettbewerb). Entscheidend ist, dass Maschinen zwar auf der Basis von »Ideen« konzipiert, aber aus sehr physischen Materialien hergestellt werden und nur mit der entsprechenden Antriebsenergie in Form von elektrischem Strom oder Treibstoffen funktionieren.

Der Traktor ist also nicht in erster Linie »ideenreicher«, sondern verbrauchsintensiver als das Ochsengespann, und die ökonomische Lektion lautet: Man kann Rohstoffe als Naturleistungen gezielt im ökonomischen Prozess zum eigenen Vorteil einsetzen. Das soll nicht bedeuten, technische Entwicklungsleistungen zu unterschätzen. Der notwendige »Veredelungsaufwand« von Material zu delikater Feinmechanik oder hochintegrierter Halbleiterelektronik, zu Schiffsrümpfen und Hochöfen ist teilweise erheblich und erfordert eine intensive Ausbildung, viel Arbeitszeit und Hingabe. Dennoch ist dieser Aufwand dermaßen lohnend, dass er überall begeistert erbracht wird. Lohnend heißt: Der Ertrag liegt erheblich über dem Aufwand. Mittlerweile sind Industrieroboter und Computer so präzise und schnell, dass ihre Arbeit nicht nur viel preiswerter ist, sondern von Menschen gar nicht mehr erledigt werden könnte. Hier wird materieller Nettonutzen generiert, und das nicht zu knapp.

Dieser Nettonutzen stammt nicht aus einem sozialen Leistungstausch aufgrund von Arbeitsteilung (Schuhe gegen Geflügel), sondern er wird zusätzlich von außen in den ökonomischen Kreislauf eingespeist, der aus diesem Grund wachsen kann. Es ist wissenschaftlich empirisch nachgewiesen, dass technischer Fortschritt letztlich bedeutet, die technischen Beschränkungen weiter zu verringern, die dem Ersetzen von teurer menschlicher Arbeit durch preiswerte »Kapital-Energie-Kombinationen« (Maschinen) noch im Wege stehen. Die menschlichen Einfälle konzentrieren sich systematisch auf die ressourcenintensive Steigerung von Effizienz in allen Bereichen: in der Produktion, beim Transport, in der Datenverarbeitung, bei Dienstleistungen. Der Wettbewerbsvorteil entsteht nicht durch höhere Leistung, sondern durch erhöhten Ressourcenverbrauch und sorgt für einen generellen Trend zur Automatisierung.

Somit ist der technische Fortschritt seit Beginn der Industrialisierung nicht denkbar ohne den steten Strom an Materialien, die extrahiert und für die Produktion von Gütern verwendet werden.[16] In

16 Und deren Reste landen kontrolliert oder unkontrolliert in der Umwelt. Ökologische Ökonomen kritisieren seit Langem das wirtschaftswissenschaftliche Kreislaufmodell für seine »Materialvergessenheit« (siehe auch die bibliografischen Hinweise).

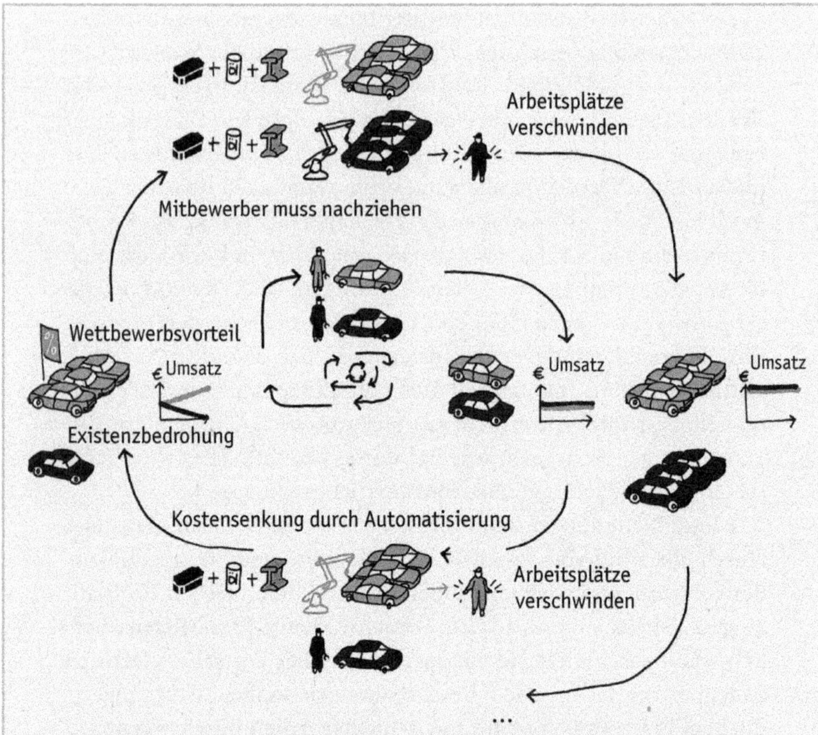


**Abbildung 5:** Die Wachstumsspirale, befeuert durch Rohstoffverbrauch.
*Grafik: Grit Koalick, visuranto.de; Farbversion: www.marktwirtschaft-reparieren.de.*

Anlehnung an das bekannte Zitat von Thomas Alva Edison könnte man sagen: »Innovation ist 1 % Inspiration und 99 % Extraktion.« Die Notwendigkeit, mit der technischen Entwicklung mitzuhalten, lässt sich übersetzen in eine Notwendigkeit, mit den Umsatz- und Kostenvorteilen der Innovatoren mitzuhalten. Dies ist die Ursache für einen Investitions- und Wachstums*zwang* für Unternehmen. Aber das Wirtschaftswachstum ist vor allem Materialwachstum – theoretisch und empirisch.

In seinem Lehrbuch geht der bekannte amerikanische Ökonom Gregory Mankiw auf das Thema Produktivität und Löhne ein. Er stellt zufrieden fest, dass die Reallöhne in Deutschland inflationsbereinigt in etwa parallel zur Arbeitsproduktivität gestiegen sind, von 1971 bis 2009 um durchschnittlich 1,8 % (Löhne) und 2,4 % (Arbeitsproduktivität) pro Jahr, sodass es den Menschen besser geht. Diese scheinbare Steigerung der Arbeitsproduktivität kommt jedoch nur zustande, weil die immer höheren Naturleistungen weiterhin den arbeitenden Menschen zugerechnet werden. Das soziale Desaster entsteht dadurch, dass relativ und absolut immer weniger ökonomischer Nutzen aus menschlicher Arbeit benötigt wird, je mehr ökonomischer Nutzen von Maschinen und Energie erzeugt wird. Es kommt zu »technologisch bedingter Arbeitslosigkeit«.

Arbeitslosigkeit kann aus vielen Gründen entstehen (zum Beispiel auch durch Sparpolitik oder Außenhandelsungleichgewichte), daher wollen wir hier keine einseitige Erklärung für Arbeitslosigkeit insgesamt anbieten. Vielmehr geht es um die Erkenntnis, dass es eine latente Arbeitslosigkeit in der industriellen Moderne gibt, die mal mehr und mal weniger (zeitweise auch gar nicht) in Erscheinung tritt, aber letztlich eine Bedrohung der sozialen Stabilität darstellt. Denn sie kehrt verlässlich immer wieder, da die technische Entwicklung nicht stehen bleibt. Das kurzfristige Auf und Ab der Arbeitslosenquote ist Anlass für vielfältige politische Interventionen und Diskussionen, aber letztlich sind sich alle einig, dass ohne solche Eingriffe oder ohne Wachstum schnell ein sozial instabiler Zustand hoher Arbeitslosigkeit durch technischen Fortschritt erreicht würde.

Für soziale Gerechtigkeit ist diese Rolle von Technologie aus unserer Sicht fatal. Einerseits definiert in Marktgesellschaften »der Markt«, was als ökonomische Leistung gilt, und dementsprechend werden die Mittel dorthin umgelenkt, wo das beste Preis-Leistungs-Verhältnis geboten wird. Andererseits kann dieses Preis-Leistungs-Verhältnis durch Technik massiv verbessert werden. Das Leistungsprinzip »Wer mehr leistet, soll auch mehr verdienen« lautet in der Realität eher »Es verdient mehr, wer natürliche Ressourcen marktgerechter verbraucht«. An diesen Zustand haben sich mittlerweile alle so sehr gewöhnt, dass das Außergewöhnliche daran nicht mehr wahrgenommen wird. Die Einkommensverteilung ist systematisch zugunsten jener verschoben, die Technik entwickeln, einsetzen oder zu ihrem Einsatz beitragen. Das sind vor allem die sogenannten MINT-Berufe[17] und hier vorrangig die hochproduktiven »Symbolanalytiker« (Jeremy Rifkin), also jene mit dem Sinn für das Abstrakte. In der Wirtschaftswissenschaft nimmt man an, dass dafür die schwer zu erwerbenden, besonderen Qualifikationen der technischen Berufe verantwortlich seien, die auf diese Weise vom Markt honoriert würden *(skill premium)*. Grundsätzlich ist das nicht falsch. Allerdings wird die tiefer liegende Frage nicht untersucht, warum die Nachfrage nach Technik systematisch so hoch ist, dass es zu einem Mangel an geeigneten Fachkräften kommt, der die Löhne in einigen Branchen nach oben treibt. Zu den Begünstigten gehören auch jene, die Rohstoffe extrahieren und aufbereiten oder die entsprechenden Maschinen und Anlagen besitzen oder finanzieren. Technologie und ihr überbordender Ressourcenverbrauch untergraben damit fundamental das Leistungsprinzip, weil mit technischen Produkten und Dienstleistungen weniger die Leistungen der entsprechenden Menschen am Markt angeboten werden als vielmehr der Brennwert von Erdöl, die Festigkeit von Stahl, die Leitfähigkeit von Kupfer und so weiter. Obwohl die Herkunft der Leistung woanders liegt, werden die höheren Einkommen der Leistung ihrer Anbieter zugeschrieben.

Auf der Niedriglohnseite sorgt eine mehr oder weniger solide Sockelarbeitslosigkeit (wozu wir auch prekäre Arbeitsverhältnisse zählen, die lediglich nominell die Arbeitslosenstatistik entlasten) für einen freien Fall der Löhne bei den Gering- und Unqualifizierten. Sockelarbeitslosigkeit ist seit jeher ein Garant für eine massive Machtasymmetrie zwischen Arbeit und Kapital, also jenen, die Arbeitsplätze suchen, und denen, die sie anbieten. Sie ist hauptverantwortlich dafür, dass die Unternehmerin in unserem Beispiel ihren Gewinn dadurch erhöhen kann, dass sie nicht ihre Leistung verbessert, sondern ihre Mitarbeiterinnen schlechter bezahlt, also deren

17 Ein Akronym für Mathematik, Ingenieurwissenschaften, Naturwissenschaften und Technik.

Leistung abwertet. Die Einkommensverteilung wurde durch diese Machtasymmetrie so schief, dass man einen Mindestlohn einführen musste, der allerdings nur jenen nützt, die Arbeit haben und abhängig beschäftigt sind. In bestimmten Branchen wird daher ein Mindestlohn eher über Subventionen realisiert, beispielsweise durch Agrarsubventionen für bäuerliche Familienbetriebe. Letztlich findet auf diese Weise ein gewisser Ausgleich statt zwischen jenen, die viel verdienen, und jenen, die wenig oder nichts verdienen. Allerdings hat diese Sozialpolitik sehr viel mehr mit zentraler Planung zu tun als mit dezentraler Marktwirtschaft, und die Ergebnisse werden nicht als gerecht empfunden – weder von den einen noch von den anderen. Diese Schieflage der Einkommensverteilung spiegelt sich in der gesamtwirtschaftlichen Situation ganzer Länder wider, wenn man von den »reichen« industrialisierten und den »armen« Ländern des globalen Südens spricht.

Übertragen wir die Gerechtigkeitslogik der heutigen Wirtschaft einmal auf ein Radrennen. Dürften daran auch Motorradfahrer teilnehmen, wäre jeder Rennradler abgehängt, denn er könnte mit den »Leistungsträgern« nicht mithalten. Jedem Radfahrer wäre klar, dass er ebenfalls ein Motorrad und Benzin braucht – Kapital und Ressourcen. Wenn man den Wettbewerb noch weiter verschärft und den Radsport auch für Formel-1-Autos öffnet, geht die Spirale von Investition und Ressourcenverbrauch weiter. Auf diese Weise gibt es einen ökonomischen Zwang zu investieren, zu expandieren, mehr Ressourcen zu verbrauchen – um mitzuhalten und sein Einkommen zu sichern. Die erzielten Fahrzeiten im Rennen würden dann eher den Benzinverbrauch als die Leistung der Fahrer widerspiegeln. Entsprechend misst das BIP heutzutage nicht ökonomische Aktivität im engeren Sinne, sondern vor allem die Leistung billiger, aber nützlicher Rohstoffe.

Dieser Mechanismus stellt aus unserer Sicht den entscheidenden individuellen Wachstumszwang dar, mit seiner Dynamik von »schöpferischer Zerstörung«, Gewinnmaximierung und Verlustminimierung – oder auch: mit seiner Verzerrung des Leistungswettbewerbs durch geschickten Ressourcenverbrauch. Da nach dem Leistungsprinzip jeder für sein Einkommen selbst sorgen muss, ist Erwerbsarbeit alternativlos. Der »technische Wandel« macht gleichzeitig Investitionen und die Steigerung der ökonomischen Anstrengungen für Unternehmer und Arbeitnehmer alternativlos. Dabei ist die Entlastung durch Technologie nicht dauerhaft. Kurzfristig mag sich ein Unternehmer Vorteile durch eine Technologie sichern können. Aber dies zwingt andere nachzuziehen, um ihr Einkommen zu sichern, womit der Wettbewerb auf eine neue Stufe gehoben wird. Da die technologische Entwicklung eine systematische Tendenz hat, Arbeitsplätze zu gefährden, entsteht hier ein gesellschaftliches Dilemma. Seine politischen Auswirkungen diskutieren wir, nachdem wir noch einen Blick auf die Rolle der Haushalte geworfen haben.

## 6.3 Wachstumszwang für Haushalte

Haushalte unterliegen zwar nicht denselben harten Marktzwängen wie Unternehmen, doch spielt Technologie ebenfalls eine zentrale Rolle bei der Erklärung, warum Konsumenten die ständig gesteigerte Produktion überhaupt kaufen. Ähnlich wie Firmen verschaffen sich Haushalte einen Wettbewerbsvorteil, indem sie Maschinen und Material einsetzen, um produktiver arbeiten und zeiteffizienter leben zu können. Dieser »Effizienzkonsum« umfasst beispielsweise Fahrzeuge, Flugreisen, Haushaltsgeräte, Computer und Smartphones. Damit werden Pendeln, Tiefkühlkost, der Umstieg von Briefen auf E-Mail oder von Ladengeschäften auf Onlinehandel möglich. Dank einer ständigen und globalen Erreichbarkeit wird es einfacher, soziale Kontakte über große Distanzen zu halten. Mithilfe von Technik kann man also sowohl technologische Exklusion und den Verlust sozialer Beziehungen vermeiden als auch massiv Kosten sparen sowie Einkommensverluste verhindern.

Diese Entwicklung ist fast zwangsläufig mit einer Beschleunigung und Verdichtung des Privatlebens verbunden (Hartmut Rosa). Ein solcher Konsum ist jedoch nicht freiwillig, sondern erfüllt durchaus die Kriterien eines sozialen Zwanges. Insofern ist die oben angesprochene Differenzierung von Grundbedürfnissen und höheren Bedürfnissen mindestens zwiespältig. Wenn ein Arbeitsplatz und damit ein Einkommen nur noch mit dem »Konsumgut« Auto erreichbar ist, dann wird das Auto erstens vom Konsumgut (auch) zur Investition und erfüllt zweitens (auch) ein Grundbedürfnis, nämlich das nach einem Einkommen, mit dem dann die eigentlichen, physiologischen und sozialen Grundbedürfnisse überhaupt erst abgedeckt werden können. Dass ein Auto, wenn es erst einmal angeschafft ist, auch viele andere, weit weniger elementare Zwecke erfüllen kann, ist klar. Aber das ändert nichts an seiner ökonomischen Bedeutung für sehr viele Menschen. In einer stark arbeitsteiligen und sehr techniklastigen Gesellschaft sind die Grundbedürfnisse andere als in einer Agrargesellschaft mit Subsistenz.

Im Ergebnis beteiligen sich alle Mitglieder der Gesellschaft an einer Effizienzsteigerungsspirale – die einen vorauseilend als Trendsetter, die anderen begeistert oder auch widerwillig als Nachahmer. Aber gar nicht mitzumachen ist für viele unmöglich, genauer: Nur unter speziellen Lebensumständen kann man sich mehr oder weniger von solchem ökonomischen Druck freimachen.

Wie einführend schon gesagt: Die Konsumenten sind durchaus auch Profiteure dieses Fortschritts. Durch die technologischen Entwicklungen der Firmen werden viele Produkte (wie beispielsweise Lebensmittel) äußerst preisgünstig angeboten. Die Konsumenten profitieren jedoch nicht alle in gleichem Maße, sondern am meisten jene, die ressourcenintensive Technologien einsetzen und dabei Kosten auf die Gesellschaft abwälzen, häufig in Form von langfristigen Umweltschäden, aber auch durch Verluste an allgemeiner Lebensqualität. Günstige Flug- und Bahnreisen sind beispielsweise mit erheblicher Lärmbelastung von Anwohnern verbunden, und die Nachteile der autogerechten Stadt treffen vor allem die Nichtautofahrer. Die leistungslosen Vorteile (Ressourcenrenten) sind also sowohl auf der Einkommens- wie auch der Ausgabenseite sehr ungleich verteilt.

## 6.4
## Der politische Wachstumszwang

Wir können nun das Rätsel lösen, wie der individuelle Wachstumszwang zu einem politischen wird. Eigentlich geht es nicht um Wachstum, sondern um die gesellschaftliche und politische Notwendigkeit von (annähernder) Vollbeschäftigung. Wachstumspolitik verfolgt also ein wichtiges sozialpolitisches Ziel, nämlich die Sicherung von Einkommen durch Arbeit. Das Ziel von Vollbeschäftigung kann nicht aufgegeben werden, weil das Leistungsprinzip fordert, dass jeder für sein Einkommen sorgen muss.

Wir haben bereits hinreichend deutlich gemacht, dass das Leistungsprinzip für uns nicht in die Kategorie »kulturelle Prägung« fällt, sondern als fundamentale Gerechtigkeitsnorm für Politik unhintergehbar ist, und wir haben auch gezeigt, dass es nicht das »Wachstumsparadigma in den Köpfen« von Politikern ist, welches ursächlich für Wachstumspolitik verantwortlich ist. Es sind andere Paradigmen, die den meisten Menschen Wachstumspolitik als alternativlos erscheinen lassen, und einige davon werden sogar von vielen Wachstumskritikern geteilt. Technischer Fortschritt und Globalisierung gelten als unaufhaltsam und ohnehin als »gut«, weil Technik die Arbeit leichter und das Leben schöner macht und Globalisierung zu Produktvielfalt und einer Weltgemeinschaft führt. Über lange Zeit hat die Formel »Mit mehr Bildung bessere Beschäftigung« relativ gut funktioniert, sodass Arbeitslosigkeit und Geringqualifizierung in einen ursächlichen Zusammenhang gestellt wurden. Eine aufwendige Infrastruktur und eine hohe Investitionsquote gelten seit jeher als unverzichtbar für eine leistungsfähige Volkswirtschaft. Es scheint außerdem, dass die Machtasymmetrie zwischen Arbeit und Kapital als selbstverständlich betrachtet wird. Insofern war es in einer sozialen Marktwirtschaft immer auch die Aufgabe von Politik, das Kapital im Zaum zu halten.

Es ist also im Kern die Kombination von »natürlichen« und unaufhaltsamen Produktivitätsfortschritten (dem individuellen Wachstumszwang), der unhintergehbaren Bedeutung des Leistungsprinzips sowie der sozialstaatlichen Verpflichtung, allen Menschen wenigstens ein Existenzminimum zu gewährleisten, welche diesen politischen Wachstumszwang hervorruft. Das Leistungsprinzip setzt relativ enge Grenzen, in welchem Maße den »Leistungsfähigen« Steuern, Sozialabgaben und Umverteilung abgefordert werden können, während die Produktivitätsfortschritte die technologische Arbeitslosigkeit und damit die Kosten des Sozialstaats schnell explodieren lassen. Insofern gibt es zu Vollbeschäftigung keine brauchbare gesellschaftliche Alternative. Wirtschaftswachstum ist unter diesen Annahmen der einzige sinnvolle Ausweg, und es spricht vordergründig ja auch sonst einiges dafür. Hingegen wäre es politischer Selbstmord, die Prämisse des unaufhaltsamen technischen Fortschritts öffentlich infrage zu stellen.[18]

Mit diesen Paradigmen im Hinterkopf werden vor allem zwei Politikfelder bespielt. Zum einen sind massive staatliche Investitionen in Infrastruktur und Bildung sowie zahlreiche gesetzliche Anreize für private Investitionen ein wesentlicher und bewusster Wachstumstreiber. Allerdings gießt Wachstumspolitik noch Öl ins Feuer, indem sie bei der Innovationsförderung ihren Fokus auf Produktivitätssteigerungen legt. Da produktivitätssteigernde Innovationen Arbeitsplätze bedrohen, heizen Staaten den Wettlauf zwischen Innovationen, die Arbeitsplätze überflüssig machen, und Wachstum, das Arbeitsplätze schafft, immer wieder an.

Zum anderen wird durch massive staatliche Regulierung versucht, die gröbsten Exzesse der Arbeitgeber auf dem Arbeitsmarkt abzumildern. Mindestlohn, Einschränkungen für Zeitarbeit, Förderung der Vereinbarkeit von Familie und Beruf oder allgemeine Arbeitszeitverkürzungen sind allesamt Maßnahmen, die nicht von den Arbeitnehmern selbst verhandelt werden können, wenn verbreitete Arbeitslosigkeit oder auch nur die Bedrohung damit deren Verhand-

18 Interessanterweise kann die Prämisse der universellen Geltung des Leistungsprinzips viel leichter öffentlich infrage gestellt werden, indem entweder ein bedingungsloses Grundeinkommen oder eine allgemeine Arbeitszeitverkürzung gefordert werden.

lungsposition schwächt. Diese Situation herrscht seit Beginn der Industrialisierung systematisch vor – allerdings ist sie weder natürlich noch gottgegeben.

## 6.5
## Politische Maßnahmen

Offensichtlich lässt sich ein Wachstumszwang auf der Basis von Ressourcenverbrauch nicht dadurch abstellen, dass staatliche Regulierung die Nutzung von Technologie einschränkt. Eine solche Politik wäre weder vermittelbar noch durchsetzbar, und sie würde liberalen Politikprinzipien widersprechen. Auch sollten die bereits erwähnten kleinteiligen und sehr funktionalistischen Regulierungen vermieden werden, die heute als »Politikersatz« vorgenommen werden. Klar ist aber, dass bisherige Versuche indirekter Anreize viel zu schwach waren, um zu wirken. Aus unserer Sicht ist liberale Politik dadurch gekennzeichnet, dass sie (1) Probleme direkt an ihrer Wurzel anpackt, also Indirektheit vermeidet, (2) auf der Ebene der Verfassung verankert ist und (3) sowohl normativ sparsam als auch insgesamt sparsam ist, also versucht, ihr Ziel mit möglichst wenigen Maßnahmen zu erreichen, die möglichst wenig »moralisch« sind. Liberal bedeutet nicht pauschal »möglichst wenig Staat«, sondern mit möglichst wenigen politischen Maßnahmen die grundlegende Wirtschafts- und Sozialordnung herzustellen und abzusichern, angeleitet von einer klar identifizierten sozialen Fundamentalnorm.

Eine wichtige Ursache ungerechter Ungleichheit und das entscheidende Hindernis auf dem Weg zu ökologischer Nachhaltigkeit ist der hohe Ressourcenverbrauch. Eine direkte Maßnahme könnte deshalb dort ansetzen und damit mehrere Fliegen mit einer Klappe schlagen: (1) Sie würde auf die ökologische Zielgröße fokussieren, nämlich eine Senkung des Ressourcenverbrauchs, um die ökologischen Grenzen einzuhalten. (2) Sie würde den technischen Fortschritt dort bremsen, wo er lediglich Arbeit durch Verbrauch ersetzt, und insofern die gesellschaftliche Brisanz technologischer Arbeitslosigkeit entschärfen. Sie würde wünschenswerten technischen Fortschritt nicht behindern, der beispielsweise die Ressourcenproduktivität erhöht. (3) Sie würde die Geltung des Leistungsprinzips wieder herstellen, indem sie die Kostenabwälzung auf die Gesellschaft und die Privatisierung der Naturressourcen sowohl von Unternehmen als auch von Haushalten verhindert. Dies erfordert drei politische Maßnahmen: Externalisierung beenden, Subventionen einstellen, Ressourcenverbrauch institutionell begrenzen.

Externalisierung, also das Abwälzen privater Kosten auf die Gemeinschaft, ist eine Form des unlauteren Wettbewerbs. Aus der umweltökonomischen Theorie sind diverse Lösungswege gegen Externalisierung bekannt, insbesondere staatliche Interventionen wie Steuern und Subventionen. Einen konsistenteren Ansatzpunkt verortet die Initiative »Nehmen und Geben« im Wettbewerbsrecht:[19] Sie fordert, die Formulierung des Grundgesetzes »Eigentum verpflichtet« mit Bezug auf Nachhaltigkeit zu konkretisieren und die Schädigung von Gemeingütern als unlauteren Wettbewerb einzustufen. Laut Schweizerischem Bundesgesetz gegen unlauteren Wettbewerb ist in Artikel 5 bereits die »Verwertung fremder Leistung« verboten, er wird allerdings explizit nicht auf Naturleistungen bezogen. Wenn Unternehmen die Umwelt schädigen, ohne für einen Ausgleich zu sorgen, oder Leistungen der Natur als ihre eigenen ausgeben, hätten ihre Konkurrenten mit einer solchen Regelung eine klare Handhabe dagegen. Dieses Prinzip könnte auch auf Handelsabkommen übertragen werden, die eigentlich auf der Idee eines »ordentlichen« Wettbewerbs basieren, aber derzeit eher unlauteren Wettbewerb institutionell absichern.

Als zweite politische Maßnahme sollte man die Subventionierung fossiler Rohstoffe einstellen. Weltweit belaufen sich deren direkte Subventionen auf etwa 500 Milliarden Dollar jährlich (2013). Das entspricht 0,7 % der Weltwirtschaftsleistung. Zusammen mit den nicht in Rechnung gestellten Kosten für Umwelt und Gesellschaft steigen die gewährten Vorteile sogar auf 6,5 % der Weltwirtschaftsleistung. Gelegentlich wird argumentiert, dass mit Subventionen der

---

19 Die Initiative wurde maßgeblich von dem kürzlich verstorbenen Wirtschaftswissenschaftler Gerhard Scherhorn bekannt gemacht.

Zugang der Ärmsten zu Energie ermöglicht würde. Allerdings profitieren von diesen Subventionen eher jene mit hohem Ressourcenverbrauch, und das sind gerade nicht die Ärmsten.

Schließlich ist als dritte politische Maßnahme eine institutionelle Begrenzung des Verbrauchs über Ressourcenlizenzen notwendig. Ein Markt für Ressourcenlizenzen ist ein politisch gestalteter Markt *(designed market)*, der versucht, »Marktversagen« zu beheben, indem er Güter mit einer künstlichen Knappheit versieht und damit den Preis erhöht. Der dadurch hervorgerufene Einsparungsanreiz muss so hoch sein, dass er den massiven ökonomischen Anreiz kompensiert, Arbeit weiterhin durch Maschinen und Ressourcenverbrauch zu ersetzen. Hierfür sind Subventionen, Effizienzanreize oder punktuelle Gesetzgebung erwiesenermaßen nicht ausreichend. Es gibt bis heute keinerlei praktischen Nachweis, dass Effizienzbemühungen allein zu einer substanziellen Senkung des gesamtwirtschaftlichen Verbrauchs führen können. Bislang wurden an einer Stelle eingesparte Ressourcen umgehend an anderer Stelle genutzt (Reboundeffekte).[20] Dabei ist eine *Mengen*steuerung einer *Preis*steuerung (zum Beispiel Ökosteuern) vorzuziehen. Eine Mengensteuerung ist robuster und verlässlicher, weil sie zum einen das eigentliche Ziel der Mengenobergrenze direkt verfolgt und zum anderen nicht über Preisgestaltung in den Markt eingreift. Preise werden besser durch den Markt gebildet als ihm vorgegeben, und der Preis würde bei einer Mengensteuerung wirklich die (gewollte) Knappheit widerspiegeln. Letztlich können nur Mengen die »ökologische Wahrheit« ausdrücken, nicht Preise. Wenn diese Mengenlizenzen seitens der Eigentümer wiederum gehandelt werden können, kann in vollem Umfang die Fähigkeit von Märkten genutzt werden, knappe Ressourcen sinnvoll zu verteilen: Das Material würde letztlich dort landen, wo es den größten ökonomischen Nutzen entfaltet. Ein solches Modell wird *Cap & Trade* genannt, also Verbräuche deckeln, aber Lizenzen handelbar machen.

---

20 Rebound bedeutet »zurückspringen«: Der mit einer Maßnahme erfolgreich gesenkte Ressourcenverbrauch bleibt nicht auf dem niedrigeren Niveau stehen, sondern steigt wieder auf ein höheres Niveau.

Ein besonders prominentes Beispiel für einen gestalteten Markt ist das 2005 eingeführte *European Union Emission Trading Scheme* (EU ETS) für $CO_2$-Zertifikate. Allerdings ist dieses auch ein Beispiel dafür, wie man es besser nicht macht. Basis war die kostenlose jährliche Ausgabe von Lizenzen an etwa 12.000 teilnehmende Firmen, welche die Lizenzen nutzen, halten oder verkaufen konnten. Das System war zunächst erfolgreich, der Markt war lebhaft mit Preisen von bis zu 30 Euro je Tonne. Auf Betreiben besonders verbrauchsintensiver Industriezweige, welche Nachteile gegenüber Nicht-EU-Wettbewerbern beklagten, ließen sich viele nationale Regierungen im Jahre 2007 dazu verleiten, zu viele Zertifikate auszuteilen. Die Folge war ein Überangebot an Zertifikaten. Entsprechend brach der Preis ein und sank bis Oktober 2007 auf 0,05 Euro je Tonne, wo er keinerlei Lenkungswirkung mehr entfaltete. Mit dieser politischen Intervention reproduzierte das System also genau diejenigen Externalitäten, die es ursprünglich verhindern sollte. Das System ist also nicht gescheitert, wie viele meinen, sondern funktionierte so gut, dass die Politik zum Handeln gedrängt wurde.

Andere Marktdesigns sind erfolgreicher, wie der *US Clean Air Act* für $SO_2$-Emissionen (und später auch andere Schadstoffe) oder der neuseeländische Markt für Fischereiquoten. Die Erfahrungen zeigen, dass jeder gestaltete Markt eine Gratwanderung darstellt zwischen Überregulierung, Unterregulierung und Falschregulierung. Politik ist gut beraten, diese Marktgestaltung mit viel ökonomischem Sachverstand und einer gelungenen Mischung aus Experimentierfreude und Zurückhaltung vorzunehmen. Oft kommt es auf die Details der Gestaltung an, und jeder derart gestaltete Markt hat seine spezifischen Bedingungen, die zu beachten sind.

Die von uns vorgeschlagene willentliche Begrenzung des Verbrauchs von »Brot-und-Butter-Ressourcen« wie fossilen Rohstoffen oder Metallen wäre trotz der vorhandenen Erfahrungen mit gestalteten Märkten ein völlig neues Politikfeld. Langfristiges Ziel dieser Nachhaltigkeitspolitik sollte ein weitgehender Nichtverbrauch »frischer« Rohstoffe sein. Eine solche Politik wäre nur wirksam, wenn sie auch den Handel über die Grenzen des Wirtschaftsraums einbezieht und letztlich alle relevanten Massenströme bilanziert. Der bürokratische Aufwand wäre vermutlich leistbar, zumal andere Regulierungen im Gegenzug entfallen könnten, darunter auch die $CO_2$-Zertifikate. Abgesehen davon kann man die Meinung vertreten, dass solcherlei nur im globalen Maßstab sinnvoll und umsetzbar wäre. Aber mit diesem Argument kann man letztlich jede Maßnahme ad acta legen. Politisch muss es immer Pioniere geben, seien es Nationen, Staatenverbünde oder globale Organisationen. Die Frage ist eher, wie weit man in den ersten Schritten gehen könnte.

Die Einnahmen aus dem Zertifikatsverkauf, also aus der begrenzten Nutzung von Naturressourcen, lassen sich nach dem Leistungsprinzip niemandem legitimerweise zuschreiben. »Die Natur« als eigentlicher Leistungserbringer nimmt am Geldkreislauf nicht teil, und man kann als Gegenleistung für die Erdölförderung schlecht Dollarscheine in die Bohrlöcher werfen. Daher erscheint es nur angemessen, die Einnahmen im Sinne von *Cap & Dividend* als ökologisches Grundeinkommen an alle Menschen auszuschütten. Dann würden alle Menschen in gleicher Weise von den »Früchten der Erde« profitieren, oder anders formuliert: Ein solches ökologisches Grundeinkommen würde das Recht auf den fairen Zugang zu Naturressourcen monetär realisieren.[21] In Alaska beispielsweise werden im Rahmen des sogenannten *Permanent Fund* jährlich rund 1.000 US-Dollar aus den Einnahmen der Erdölförderung an jeden Einwohner ausgeschüttet.

Ein solches ökologisches Grundeinkommen kann immer nur ein Zusatzeinkommen darstellen, aber dennoch ist es ein Schritt in die richtige Richtung. Ärmere Menschen mit einem ressourcensparsamen Lebensstil werden bessergestellt, Ungleichheit wird ein Stück weit reduziert. Um die Schere zwischen Arm und Reich zu schließen, wird es nicht reichen. Allerdings muss infrage gestellt werden, dass es »natürlicherweise« Arme und Reiche gibt. Auch wenn Armut ein weites und komplexes Feld ist, so sind viele arm, weil ihnen Arbeits-

21 Ein ökologisches Grundeinkommen ist daher etwas völlig anderes als ein bedingungsloses Grundeinkommen. Das erste verschafft dem Leistungsprinzip Geltung, das zweite verletzt es.

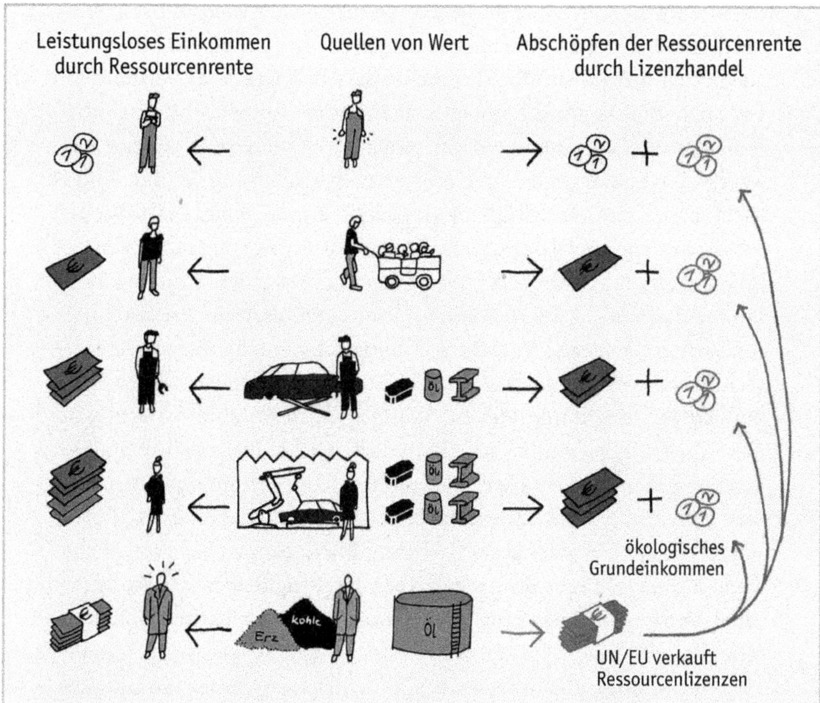


**Abbildung 6:** Leistungslose Einkommensanteile durch Ressourcennutzung. In der Mitte dargestellt sind die Quellen von Wert, von denen nur jene legitim sind, welche auf eigener Leistung beruhen (Arbeit und Kapital). Die Abschöpfung der Ressourcenrente durch einen institutionalisierten Lizenzhandel würde die Marktverzerrung der Einkommen (links) verringern und sie auf eine leistungsgerechte Höhe (rechts) reduzieren bzw. ganz unterbinden, wenn sie nur auf Ressourcenverkauf beruhen. *Grafik: Grit Koalick, visuranto.de; Farbversion: www.marktwirtschaft-reparieren.de.*

möglichkeiten fehlen. Das hat oft damit zu tun, dass Arbeit durch Ressourcenverbrauch ersetzt wurde, auch in weniger entwickelten Ländern. Zu Reichen äußern wir uns noch ausführlicher in Kapitel 8.

Die Begrenzung des Ressourcenverbrauchs und die gleichmäßige Verteilung der Erlöse entspricht dem Prinzip, Kosten und Nutzen von Gemeingütern gerecht zu verteilen. Schürfrechte würden dabei natürlich an Wert verlieren. Darin besteht weltpolitisch aber auch die Chance, die jahrhundertealten kriegerischen Auseinandersetzungen um Rohstoffe zu reduzieren. Auch würde es vermutlich viel Sozialpolitik einfach überflüssig machen, weil es technologische Arbeitslosigkeit in dem heutigen Ausmaß verhindern könnte. Auch wären das Steuersystem und die Sozialversicherung in der Folge nicht mehr auf Wachstum angewiesen. Bisher gefährdet »Wachstumsschwäche« bei fortgesetzter Automatisierung sofort die Balance zwischen sozialstaatlichen Einnahmen und Ausgaben. Zudem könnten technologische Innovationen unter einer Verbrauchsdeckelung ihr wahres Potenzial entfalten, ökologisch und ökonomisch. Der technische Fortschritt müsste sich erstmals einer vollständigen Kosten-Nutzen-Rechnung stellen. Wenn man den Befürwortern grünen Wachstums Glauben schenken darf, wird er diese Prüfung glänzend bestehen. Wir sind skeptisch, weil bislang Reboundeffekte noch jede Steigerung der Ressourceneffizienz konterkariert haben. Vieles deutet darauf hin, dass gesamtwirtschaftlich technischer Fortschritt ohne Mehrverbrauch kaum zu haben ist. Möglicherweise ist unter einer Verbrauchsdeckelung das technische Niveau gar nicht zu halten. Die gute Nachricht ist, dass weder unsere Skepsis noch irgendeine Technologiegläubigkeit für die Realisierung dieser Politikmaßnahme eine Rolle spielen. Alle wollen eigentlich, dass der Verbrauch reduziert wird, also sollte man das endlich angehen. Letztlich geht es nicht um mehr oder um weniger technischen Fortschritt, sondern um ökologische Nachhaltigkeit, ökonomische Stabilität und soziale Gerechtigkeit.

## Kapitel 7

# Grundeigentum, Lage und öffentliche Investitionen

Die Bodenfrage ist unseres Erachtens der dritte Brennpunkt der Marktwirtschaft. Auf dem Land steigen die Pachten für Ackerland und machen den Landwirten das Überleben schwer. In den Städten und Metropolen steigen die Mieten und Hauspreise. Bewohner werden aus ihren Stadtvierteln verdrängt, weil sie sich die Wohnkosten nicht mehr leisten können. Die Wertsteigerungen begünstigen Vermögende, die steigenden Mieten belasten jene ohne Vermögen, und die Schere zwischen Arm und Reich klafft weiter auseinander. Verzweifelt und mit wenig Erfolg versucht man in Deutschland, die steigenden Mieten mit Mietpreisbremsen zu bekämpfen, aus unserer Sicht ein weiteres Beispiel politischer Ratlosigkeit. Den Immobilienblasen scheint man völlig machtlos gegenüberzustehen. Wie kommt es dazu?

## 7.1 Bodenwerte und Immobilienkrisen

Empirisch werden rund 80 % des weltweiten Wohnkostenanstiegs vom Anstieg der Bodenpreise verursacht, auch wenn dieser Effekt in Deutschland weniger stark ausgeprägt ist. Es steigen nicht die Preise der Bauwerke, sondern hauptsächlich die der Flächen, auf denen sie stehen. Für deren Wert ist die Lage maßgeblich. Der Überbegriff der »Lage« beinhaltet die umgebende menschengemachte Infrastruktur, seien es private Produktionsstätten, Bürogebäude, öffentliche Bauwerke sowie Versorgungsangebote oder die Verfügbarkeit von nutzbaren Ressourcen wie Kohle, Sonne oder Wind. Beim Bau einer neuen Verkehrsanbindung, eines Glasfaserkabels oder eines Gewerbegebäudes profitieren die Eigentümer der Grundstücke vor Ort durch steigende Mieten und Grundstückspreise. Die Eigentümer tragen zumeist kaum (Opportunitäts-)Kosten.

Besonders erblühen Bodenspekulation und politische Einflussnahme, wenn die Umwandlung in Bauland erwartet oder herbeigeführt wird. Der langfristige Anstieg der Bodenpreise kann also in der Regel nicht aus den Leistungen der Eigentümer erklärt werden. Stattdessen sind die Bodenpreise eine erhebliche Quelle leistungsloser Einkommen, die man mit einem klassischen ökonomischen Begriff als »Bodenrenten« bezeichnet. Diese Bodenrenten sind sehr ungleich verteilt, weil einerseits die öffentliche Infrastruktur weitgehend aus besteuerten, leistungsgebundenen Einkommen – wie Löhnen und Kapitalerträgen – finanziert wird und andererseits vor allem Vermögende über großes Grundeigentum verfügen. Kosten und Nutzen der öffentlichen Leistungen klaffen hier besonders weit auseinander.

Banken vergaben und vergeben Kredite hauptsächlich für Immobilien, nicht für produktive Investitionen, wie es in vielen volkswirtschaftlichen Lehrbüchern dargestellt wird. In den Vereinigten Staaten war zu Beginn der 2000er-Jahre der Traum vom Eigenheim für jeden greifbar. Die steigenden Immobilienpreise dienten als Kreditsicherheit für Hypothekenkredite an »Ninjas«, Menschen mit *no income, no job, no assets*, also ohne Einkommen, Arbeit oder Vermögen.

Wir wollen hier nicht darauf eingehen, wie die Kreditrisiken über Verbriefungen und Derivate versteckt wurden, aber das Spiel konnte nur weitergehen, solange die Immobilienpreise stiegen. Genau dafür sorgte die Vergabe immer weiterer Kredite an Hausinteressenten. Als die Zinsen stiegen, Hypotheken nicht mehr bedient werden konnten und die Immobilienpreise nicht mehr stiegen, wurden die Kredite faul: Die Schulden überstiegen den Immobilienwert, die Blase platzte und drohte die Weltwirtschaft in den Abgrund zu reißen. Da die Immobilienpreissteigerungen wiederum weitgehend Bodenpreissteigerungen waren, hängen Bodenwerte und Bankenkrisen traditionell eng zusammen.

Man darf dabei Boden nicht nur im Sinne von produktivem Ackerland verstehen. Großen ökonomischen Wert haben insbesondere städtische Grundstücke und solche, von denen auf natürliche Ressourcen zurückgegriffen werden kann. Nichtsdestotrotz steigen auch die Pachten und Preise für Agrarland deutlich, und eine internationale Dimension bekommt das Problem mit dem *land grabbing*, vor allem (aber nicht nur) in Entwicklungsländern.

## 7.2 Wie die Bodenrente aus der Theorie verschwand

Warum wird die Bedeutung des Bodens für Vermögensungleichheit und Immobilienblasen so oft übersehen? Da dies eine zentrale Frage der Wirtschaftswissenschaften berührt, machen wir einen kurzen, etwas holzschnittartigen Ausflug in die Geschichte des ökonomischen Denkens.

Traditionell sind die drei für die Produktion wichtigen »Faktoren« Arbeit, Kapital und Boden. Den drei Produktionsfaktoren entsprechen drei Einkommensarten, welche die Ökonomen Löhne, Zinsen (oder Rendite) und Bodenrenten nennen. In der zweiten Hälfte des 19. Jahrhunderts gab es eine ausgedehnte Debatte darüber, welche dieser Einkommen legitim sind und welche nicht. Interessanterweise waren sich alle darüber einig, dass jeder für seine Leistung fair entschädigt werden sollte. Alle orientierten sich also am Leistungsprinzip. Die Kontroverse bestand darin, welcher der Faktoren Arbeit, Kapital und Boden überhaupt eine Leistung erbringe.

Karl Marx (1818–1883) vertrat die These, Zinsen und Bodenrenten seien illegitime Einkommen, denn Arbeit sei die einzige Quelle von Wert (Arbeitswertlehre). Wer keine Werte schaffe, solle auch nichts erhalten. Die Ökonomie wollte er entsprechend so organisieren, dass es nur noch Einkommen aus Löhnen gab und die Preise der Güter sich somit aus den Löhnen ergaben. Für ihn war die Lösung eindeutig: Vergesellschaftung des Bodens und der Produktionsmittel (also des Kapitals) gleichermaßen.[22]

Eine andere Perspektive nahm der amerikanische Bodenreformer Henry George (1839–1897) ein, insbesondere in seinem berühmten Buch »Fortschritt und Armut«. Er vertrat die These, dass nur die Bodenrenten ungerechtfertigte Einkommen seien, und kritisierte die Marxisten darin, dass nicht Markt, Wettbewerb und Eigentum als solche die sozialen Missstände hervorrufen würden. Zinsen seien eine legitime Entlohnung der Eigentümer von Kapital, da sie zu dessen Aufbau gearbeitet und auf Konsum verzichtet hätten. Bodenrenten hingegen seien immer leistungslose Einkommen und sollten daher jener Öffentlichkeit zugutekommen, die den Wert des Bodens geschaffen habe. Sein Vorschlag war, sämtliche Steuern durch eine einzige zu ersetzen *(single tax)*, nämlich eine Bodenwertsteuer auf Eigentum an Land. Sie sollte die unverdiente Bodenrente abschöpfen und zur Finanzierung der öffentlichen Infrastrukturen verwendet werden. Auch George wollte Kosten und Erträge in Einklang bringen und dem Leistungsprinzip wieder Geltung verschaffen.

Die Neoklassik, deren theoretische Spielarten die Wirtschaftswissenschaften bis heute weitgehend dominieren, nimmt einen dritten Standpunkt ein: Alle Preise spiegeln die Nützlichkeit von Gütern im Produktionsprozess wider. Land spiele keine grundsätzlich andere Rolle als »klassisches« Kapital, weshalb beide im Kapitalbegriff zusammengefasst wurden. Dies geht insbesondere auf Arbeiten von John Bates Clark (1847–1938) und Frank Fetter (1863–1949) zurück, während frühe Neoklassiker wie Léon Walras (1834–1910) noch für eine Verstaatlichung des Bodens eintraten. Die Begriffe »Boden« und »Bodenrente« verschwanden aus der Theorie, und Löhne und Zinsen verblieben als einzige (und legitime) Einkommen aus Arbeit und Kapital.

---

22 Übrigens: Gerade in der Arbeitswertlehre offenbart sich die Orientierung des Marxismus am Leistungsprinzip. Wenn Marxisten sagen, dass Arbeit die einzige Quelle von *Wert ist*, dann meinen sie damit eigentlich, dass Arbeit die einzige Quelle von *Preisen sein soll*. Damit haben sie normativ völlig recht. Das Dilemma besteht darin, dass Arbeit nachweislich nicht die einzige Quelle von Wert ist.

## 7.3
## Bodensteuern sind gute Steuern

Weder Marxismus noch Neoklassik oder später der Keynesianismus und ihre Spielarten differenzierten zwischen Boden und Kapital. Auch die statistischen Daten der Behörden erfassen die Bodenwerte nur unzureichend, und die volkswirtschaftliche Gesamtrechnung behandelt grundsätzlich alles, was jemand verdient, als Entgelt für eine Leistung.

Ein weiteres Beispiel für fehlende Differenzierung sind Thomas Piketty und sein viel diskutiertes Buch »Das Kapital im 21. Jahrhundert« aus dem Jahr 2013. Er erklärte die wachsende Vermögensungleichheit damit, dass Kapitalerträge langfristig schneller wachsen würden als das Bruttoinlandsprodukt. Dadurch würden Reiche immer reicher, und der Anteil der Löhne am Gesamteinkommen sinke. Spätere Untersuchungen zeigten jedoch, dass die gestiegenen Kapitalwerte hauptsächlich durch gestiegene Bodenpreise zu begründen sind. Während eine Vergrößerung des Kapitalstocks im engeren Sinne die Produktionskapazitäten erhöht, sorgen Steigerungen der Bodenwerte und -renten nur für eine unproduktive Umverteilung von Einkommen.

Infolge der neoklassischen Vermischung von Boden und Kapital betrachten die meisten Wirtschaftswissenschaftler heute privates Eigentum an Land und menschengemachtem Kapital gleichermaßen als optimale Lösung. Eine Abschöpfung der leistungslosen Bodeneinkommen durch Besteuerung wird kaum noch diskutiert. Steuerlich und in der Wirtschaftsstatistik zählen Bodenrenten heutzutage zu den Kapitalerträgen. Kapitalsteuern gelten wiederum als politisch nicht wünschenswert, weil man produktive Investitionen nicht unterbinden möchte. Damit wird auch auf eine Besteuerung der Bodenwerte verzichtet. Zudem gibt es vermutlich eine historisch bedingte Scheu, das Eigentum an Grund und Boden anzutasten, und es ist offensichtlich, dass die Eigentümer daran wenig Interesse haben.

Enteignungen werden aus guten Gründen mit großer Skepsis betrachtet, denn zum einen sind sie berechtigterweise als Angriff auf die ökonomische Freiheit und Eigenständigkeit zu werten, zum anderen sind die Eigentümer laut Grundgesetz angemessen zu entschädigen. Historisch spielten die Bodenreformen in der Sowjetischen Besatzungszone und der späteren DDR eine bedeutende Rolle. Nach der Wiedervereinigung gab es dann allerdings juristische Streitigkeiten um die damals entschädigungslos enteigneten Grundstücke, die bis zum Europäischen Gerichtshof für Menschenrechte gingen. Dies alles sind Gründe dafür, warum Boden und Bodenrenten in der politischen Debatte kaum eine Rolle spielen.

Aus unserer Sicht ist die Unterscheidung zwischen Boden und Kapital aber zentral, aus mehreren Gründen. Kapital ist reproduzierbar und vermehrbar, Boden nicht. Zinsen sind eine gerechtfertigte Entlohnung für den riskanten und mit Opportunitätskosten verbundenen Einsatz von Kapital. Die Bodenrente als Einkommen für die Lage ist jedoch ein leistungsloses Einkommen, das dem Leistungsprinzip eklatant widerspricht.

Die FDP formulierte es in ihren Freiburger Thesen von 1971 so: »Die Wertsteigerungen beruhen aber vorwiegend auf der gesellschaftlichen Entwicklung oder entstehen sogar direkt durch Maßnahmen der öffentlichen Hand. Die Gesellschaft ist daher berechtigt, mindestens einen Teil des Wertzuwachses zur Finanzierung des Gemeinbedarfs in Anspruch zu nehmen.« Würde man die Privatisierung der Bodenrente verhindern, könnte eine gerechtere und vermutlich weniger polarisierte Vermögensverteilung mit positiven ökonomischen Auswirkungen erzielt werden. Denn Steuern auf Boden haben mehrere Vorteile.

Eine Bodensteuer kann kaum umgangen werden. Kapital mag ein »scheues Reh« sein, Land hingegen kann nicht außer Landes fliehen, was in Zeiten massiver Steuerflucht von Vorteil ist. Während Kapitalsteuern die Rentabilität von Investitionen reduzieren und Lohnsteuern die geleistete Arbeit verringern, verschwindet Land nicht, wenn es besteuert wird – und wird nicht erzeugt, wenn es unbesteuert bleibt. Daher verursacht eine Steuer auf ökonomische

Renten ganz allgemein im Idealfall keine Wohlfahrtsverluste.[23] Zugleich haben Bodensteuern eine Lenkungswirkung gegen Bodenspekulation und reduzieren damit Landpreise und Immobilienblasen. Aus den Bodensteuereinnahmen können öffentliche Investitionen getätigt werden. Wenn öffentliche Investitionen den Wert der Grundstücke erhöhen, aber diese Wertsteigerung per Besteuerung zur Finanzierung der Investitionen genutzt wird, sind Kosten und Nutzen in Einklang gebracht. Dafür könnten (schädliche) Steuern auf Löhne und Gewinne aus individueller Leistung zum Ausgleich verringert werden. Durch eine verringerte Besteuerung »echter Leistungen« würde auch hier das Leistungsprinzip gestärkt. Gleichzeitig würde die Vermögensungleichheit reduziert. Auf diese Weise kann man die Selbststeuerung marktwirtschaftlicher Prozesse mit der berechtigten Forderung nach Staatseingriffen für mehr Gerechtigkeit kombinieren.

## 7.4 Politische Maßnahmen

Tatsächlich gab und gibt es konkrete Ansätze, gegen leistungslose Einkommen aus Bodenrenten etwas zu unternehmen. Viele davon blieben erfolglos. Die Verfassungen der Weimarer Republik (Art. 155), des Freistaats Bayern (Art. 161) oder der Freien Hansestadt Bremen (Art. 45) besagen, dass Steigerungen des Bodenwerts, die ohne Arbeits- oder Kapitalaufwand entstehen, für die Allgemeinheit nutzbar zu machen sind. Wirkliche Auswirkungen hatte dies nicht. In der Schweiz forderte die 1988 gescheiterte »Stadt-Land-Initiative gegen die Bodenspekulation« unter anderem, dass Bodenwertsteigerungen infolge von »Raumplanungsmassnahmen oder Erschliessungsleistungen des Gemeinwesens« von den Kantonen abgeschöpft werden

23 Der tiefere Grund dafür ist, dass eine Besteuerung zunächst nichts an der Attraktivität eines Geschäftsmodells ändert, solange mit ihm noch leistungslose Einkommensanteile erzielt werden können. Ein Aufgeben dieser ökonomischen Aktivität (und damit ein potenzieller Wohlfahrtsverlust) wird erst erwogen, wenn die Steuer beginnt, Leistung zu besteuern.

sollten. Hier sollten also Veränderungen der Bodenwerte besteuert werden (Bodenwertzuwachssteuer).

Einige Wirtschaftswissenschaftler schlugen der Sowjetunion in den 1990er-Jahren vor, Land in öffentlichem Eigentum zu belassen (worauf auch Gorbatschow bestand) und mit privaten Märkten zu kombinieren – den »besten Bestandteilen des Kapitalismus sowie des Sozialismus« (Mason Gaffney). Mit unbesteuerter Arbeit und unbesteuertem Kapital bei sicheren Landnutzungsrechten könne man die Wirtschaft aufbauen und Infrastruktur sowie Staat aus natürlichen Ressourcen und der Landpacht finanzieren. Damit sollte die gesellschaftliche Solidarität bewahrt und Raum für die Entwicklung des kulturellen Individualismus und einer freiheitlichen Wirtschaftsordnung geschaffen werden. Es kam anders: Nach dem Augustputsch und dem Aufstieg Jelzins gelang es den Oligarchen als Klasse politischer Insider, sich die Eigentumsrechte an Russlands legendären natürlichen Ressourcen zu sichern, und das Land erlebte einen wirtschaftlichen Zusammenbruch.

Neben diesen erfolglosen Versuchen gibt es einige gute Erfahrungen, meist im Rahmen der Grundsteuer, die in allen Ländern der Europäischen Union existiert (abgesehen von Malta). In Deutschland erbringt die Grundsteuer nahezu konjunkturunabhängig rund 15 % der Gemeindesteuereinnahmen. Sie wird auf der Basis der Einheitswerte von 1935 (Ostdeutschland) bzw. 1964 (Westdeutschland) berechnet. Es handelt sich um eine Substanzsteuer, denn sie wird nicht auf der Grundlage von Einkommen, sondern ausgehend vom Wert des Bodens bestimmt. Da sich die Marktpreise inzwischen massiv geändert haben, wurde die Grundsteuer vom Bundesverfassungsgericht als verfassungswidrig eingestuft und muss reformiert werden, was auch die OECD seit Längerem anmahnt, damit die Kommunen höhere Einnahmen erzielen.

Zu beachten ist, dass die Grundsteuer in mehreren Varianten existiert. Meist werden – wie in Deutschland und Österreich – Boden- und Gebäudewert gemeinsam besteuert. Andere Länder konzentrieren sich auf eine reine Bodenwertsteuer, die auch wir für geeigneter halten. Die Gebäudewertbesteuerung hat den Nachteil, dass sie mit deutlich höherem Begutachtungsaufwand verbunden ist als die Erstellung oder Überarbeitung der bestehenden Karten von Bodenrichtwerten. Zudem bestraft und verteuert sie private Investitionen in Gebäude. Aber die gestiegenen Immobilienpreise sind ja vor allem gestiegene Bodenpreise. Man könnte die Bodenwertsteuer als Substanzsteuer ergänzen mit einer Bodenwertzuwachssteuer, mit der die Steigerungen der Bodenwerte (wie sie vor allem in den Großstädten vorkommen) abgeschöpft werden, um Bodenspekulation zu vermeiden.

Die Idee dahinter ist, dass eine Bodenwertbesteuerung Bodenspekulation so verteuert, dass mehr gebaut wird und dadurch die Mieten sinken. Während dadurch sicher manche Exzesse abgemildert werden können, hilft das nur begrenzt gegen Landflucht, die resultierende »Dauerknappheit« von Wohnungen in den Städten und den Strukturwandel in großstädtischen Vierteln. Hier muss ohnehin politisch eingegriffen werden, um zu verhindern, dass zumeist ländliche Regionen abgehängt und entvölkert werden. Mit den Erkenntnissen dieses Kapitels erscheint es vollends absurd, dass in Deutschland die Flächenländer über den Länderfinanzausgleich die Hauptstadt mitfinanzieren, anstatt dass diese die Berliner Bodenwertsteigerungen abschöpft. Die mit dem Stadtwachstum einhergehende Zunahme der Bautätigkeit ist auch ökologisch nicht nachhaltig. Bereits heute liegt die Neuversiegelung (!) von Boden über dem Doppelten des in der deutschen Nachhaltigkeitsstrategie formulierten Ziels von »nur« 30 Hektar *täglich*. Sogar dieses ökologisch recht anspruchslose Ziel wird nur erreichbar sein, wenn eine explizite politische Begrenzung der Flächenversiegelung vorgenommen wird.

International sind mit reinen Bodensteuern beispielsweise in Dänemark gute Erfahrungen gemacht worden. In den 1920er-Jahren wurde die Grundsteuer auf reine Bodenwerte umgestellt. Im Jahr 1957 wurde die »Gerechtigkeitspartei« *(Retsforbundet)*, die sich auf Henry George bezieht, Teil der Regierungskoalition. Die *New York Times* berichtete am 2. Oktober 1960 unter dem Titel »*Big Lesson From A Small Nation*«, dass Investoren nun höhere Bodensteuern erwarteten und in der Folge in Produktivkapital statt in Immobilien investierten. Die Arbeitslosigkeit sank, und die Löhne stiegen deutlich. In Hongkong oder Singapur sind Bodenwertsteuern die staatliche Haupteinnahmequelle. Den Bau von Nahverkehrssystemen finanzieren sie durch die Besteuerung der um die Haltestellen steigenden Bodenwerte *(land value capture)*. Dadurch können die Fahrkarten äußerst preiswert angeboten werden, weil nur die laufenden Kosten zu decken sind. So können öffentliche Dienstleistungen effizient und günstig bereitgestellt werden – Kosten und Nutzen sind in Deckung gebracht.

Dementsprechend gibt es prominente Fürsprecher einer Bodenwertsteuer. Laut dem Nobelpreisträger Joseph Stiglitz würde sie »einige der wesentlichen Probleme lösen«. Selbst der marktbegeisterte Milton Friedman hielt die Grundsteuer auf den unveränderten Landwert für »die am wenigsten schlechte Steuer«. Tatsächlich sind sich in diesem seltenen Fall das arbeitgebernahe Institut der Deutschen Wirtschaft (IW) und das gewerkschaftsnahe Institut für Makroökonomie und Konjunkturforschung (IMK) einig. Bei der britischen Zeitschrift *The Economist* fragte man sich, warum die Bodenwertsteuer dann so wenig genutzt werde, obwohl sie von allen Ökonomen gepriesen wird. Die Antwort lässt sich so übersetzen: »Bodenwertsteuern wären gebündelte Kosten für heutige Landbesitzer, die neuen Steuern und einem reduzierten Verkaufspreis ins Auge sehen müssten. Der Nutzen würde hingegen gleichmäßig über die heutige Bevölkerung und zukünftige Generationen verteilt.« Gerade deshalb verdienen es diese Vorschläge doch, stärker öffentlich diskutiert zu werden.

Unser Anliegen ist nicht, alle Steuern durch eine Bodenwertsteuer zu ersetzen, auch wenn im 20. Jahrhundert Mason Gaffney der theoretische Nachweis gelang, dass eine konsequente Bodenwertsteuer tatsächlich mehr als genug Einnahmen bringen könnte, um sämtliche staatlichen Investitionen zu finanzieren. Eine moderat und schrittweise zu erhöhende Bodenwertsteuer könnte genutzt werden, um leistungsgebundene Einkommen steuerlich zu entlasten. Die Grundsteuer trägt in Deutschland, Österreich und der Schweiz nur marginal (nicht mehr als 1 %) zum Gesamtsteueraufkommen bei. Im

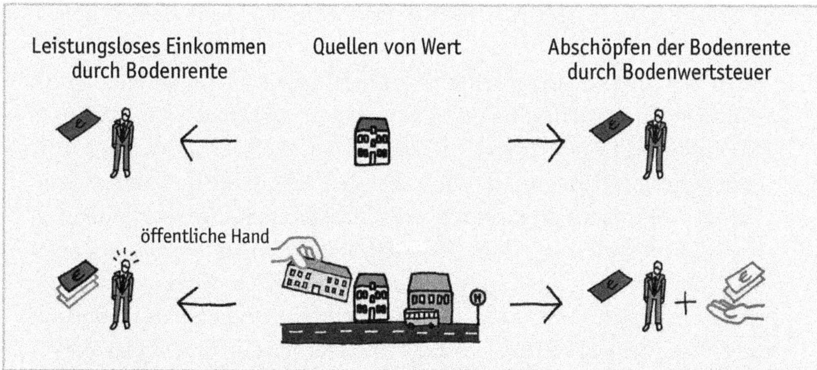


**Abbildung 7:** Leistungslose Einkommensanteile durch Bodenrente. In der Mitte dargestellt sind die Quellen von Wert, von denen hier nur der eigentliche Hausbau legitim ist. Die Abschöpfung der Bodenrente durch eine Bodenwertsteuer würde die Marktverzerrung der Einkommen (links) verringern und sie auf eine leistungsgerechte Höhe (rechts) reduzieren. Kosten und Nutzen staatlicher Leistungen würden in Einklang gebracht. *Grafik: Grit Koalick, visuranto.de; Farbversion: www.marktwirtschaft-reparieren.de.*

Vereinigten Königreich oder Kanada sind es rund 10 %. Hier könnte also problemlos eine Umschichtung zu mehr Bodensteuern vorgenommen werden.

Daneben gibt es – trotz der Privatisierungswellen – noch Land in öffentlichem Eigentum, für das derzeit keine öffentliche Nutzung vorgesehen ist. Statt kommunale Grundstücke zu verkaufen, können langfristige Erbbaurechte vergeben werden. Das deutsche Erbbaurecht feiert 2019 seinen 100. Geburtstag. Es wurde seinerzeit eingeführt, um Bodenspekulation zu bekämpfen und der Bevölkerung den Bau eines Eigenheims zu erleichtern. Häuslebauer müssen zunächst nur die Baukosten aufbringen und zahlen einen jährlichen Erbbauzins für die Nutzung des Grundstücks. Bodenwerte und -erträge bleiben dauerhaft in kommunaler Hand und kommen allen Einwohnern zugute. Dass diese Lösung attraktiv ist, zeigt die 2016 erfolgreiche »Neue Bodeninitiative«, die dem Kanton Basel-Stadt den Verkauf des Bodens untersagte. Der Slogan lautete: »Boden behalten und Basel gestalten.«

Die Auswirkungen der Steuerreform wären: Grundeigentum würde dort abgewertet, wo die Bodenwertsteuer höher ist als die heutige Grundsteuer. Arbeitseinkommen würden weniger belastet. Vermögende würden im Vergleich zu heute stärker belastet, da sie über größeres Immobilienvermögen und damit das Grundvermögen verfügen. Zugleich würden durch die Reduktion des Bodenpreises andere Vermögensgegenstände wie Unternehmenseigentum aufgewertet. Dies sind sogenannte Marktlagengewinne und -verluste, die auf plötzliche, außergewöhnliche Veränderungen der Marktsituation zurückzuführen sind. Eine solche plötzliche Drehung des politischen Windes stellt natürlich eine Herausforderung für jene dar, die sich mit der Situation eingerichtet haben. Beispielsweise würden unbebaute Grundstücke in Städten eklatant an Wert verlieren. Rentner mit geringem Einkommen, aber großem Immobilienbesitz würden relativ hart getroffen. Es ist daher zu überlegen, ob mittels eines Lastenausgleichsgesetzes wie nach dem Zweiten Weltkrieg die Verteilungswirkungen abgemildert werden können. Auch Freigrenzen oder Härtefallregelungen sind denkbar. Obwohl es grundsätzlich nie ungerecht ist, Gerechtigkeit herzustellen, können Schnelligkeit und Art der nötigen politischen Änderungen ungerecht sein. Dies kann aber kein Grund sein, all jene ohne Eigentum, die mit den steigenden Mieten zu kämpfen haben, weiterhin systematisch zu benachteiligen.

## Kapitel 8

# Kapitalakkumulation und wirtschaftliche Macht

Den vierten Brennpunkt der Marktwirtschaft stellen leistungslose Einkommen dar, die auf »Größe« beruhen, also der Akkumulation von Kapital. Große (oder sogar riesige) Unternehmen und sehr reiche Personen, die häufig gut miteinander vernetzt sind, profitieren von Marktmacht und politischer Einflussnahme.

So wurden beispielsweise im Jahr 2011 betrügerische Manipulationen des Referenzzinssatzes LIBOR durch bis zu 20 beteiligte Geschäftsbanken bekannt. Der Schaden wird auf über 15 Milliarden Euro geschätzt, und die in der Folge verhängten Strafen summierten sich auf mehrere Milliarden Euro. Laufend werden in allen Industriestaaten Wirtschaftskartelle aufgedeckt, in denen große Unternehmen Preis- und Mengenabsprachen treffen, beispielsweise für Stahl, Zement, Zucker, Kaffee und Bier. Im Januar 2009 beschloss die deutsche Bundesregierung im Rahmen des sogenannten Konjunkturpaketes II zur Stärkung der Pkw-Nachfrage die »Umweltprämie«, umgangssprachlich auch »Abwrackprämie« genannt. Für die Verschrottung und den gleichzeitigen Neuerwerb eines Pkw wurden insgesamt fünf Milliarden Euro ausgezahlt, um die finanziellen Folgen der Bankenkrise 2007/08 für die deutsche Autoindustrie abzumildern. Die beiden schwerreichen amerikanischen Brüder Charles und David Koch setzten in den vergangenen Jahrzehnten Hunderte von Millionen Dollar für Lobbyarbeit ein, um in Politik, Wissenschaft und Zivilgesellschaft ihre libertär-konservativen Ansichten zu verbreiten und für ihre geschäftlichen Interessen günstige Bedingungen zu erzeugen.

## 8.1
## Die Rolle von großen Vermögen im politischen Prozess

Durch das Wachstum einzelner erfolgreicher Unternehmen über Fusionen und Beteiligungen sowie Gewinne aus Kapitalanlagen entstehen im Laufe der Zeit große wirtschaftliche Strukturen, meist als Kapitalgesellschaften organisiert, die unter einer einheitlichen Kontrolle stehen. Laut einer Studie an der ETH Zürich von 2011 werden 40 % der internationalen Unternehmen weltweit durch nur 147 Konzerne kontrolliert.

Im Gegensatz zur Politik ist in der freien Wirtschaft hohe Machtkonzentration nicht nur akzeptiert, sondern Zeichen des wirtschaftlichen Erfolges und höherer Effizienz. Wenn hohe Investitionen notwendig sind, wie im Schiffbau oder Flugzeugbau, in der Pharmaindustrie oder bei der Herstellung von Computerchips, erscheinen große Unternehmen ohnehin als unverzichtbar. Größe wird nur dann als problematisch angesehen, wenn der Wettbewerb leidet, ein Unternehmen also eine marktbeherrschende Stellung einnimmt. Aus diesem Grund sind auch Wirtschaftskartelle verboten, weil mit ihnen genau diese marktbeherrschende Stellung ohne formale Fusion erreicht würde. Macht wird in den Wirtschaftswissenschaften oft eng als die Fähigkeit von Unternehmen definiert, bestimmte Preise durchzusetzen. Wenn ein Markt von nur wenigen großen Anbietern bespielt wird, die sich jedoch ordentlich Konkurrenz machen, sieht kaum jemand ein Problem darin. Weitergehende Einflussnahmen auf politische Entscheidungen werden allerdings oft übersehen.

Ebenso gelten große Privatvermögen nicht per se als problematisch. Viel Geld zu verdienen und nach eigenem Gutdünken ausgeben zu können gilt als Ausdruck von Freiheit und als notwendige Bedingung einer Marktwirtschaft. Reichtum könne durch harte Arbeit, organisatorisches Geschick und unternehmerischen oder auch künstlerischen Weitblick im wahrsten Sinne des Wortes »verdient«

sein. Das entsprechende Schlüsselwort heißt »Verfahrensgerechtigkeit«. Es besagt, dass eine Vermögensverteilung, die auf Chancengleichheit und gerechten Regeln beruhe, nicht ungerecht sein könne, auch wenn sich mancher vielleicht ein anderes Ergebnis wünschen würde. Eine solche »Ergebnisgerechtigkeit« sei jedoch nur durch relativ willkürliche normative Setzungen und entsprechende Eingriffe in die Marktprozesse zu erreichen und damit dem »freien Spiel der Marktkräfte« in puncto Effizienz und Gerechtigkeit unterlegen. Einige betonen, dass von superreichen Mäzenen Segnungen ausgehen, wenn sie substanzielle Teile ihres Vermögens für wohltätige Zwecke einsetzen – dafür steht beispielsweise die *Bill and Melinda Gates Foundation*, der auch der Milliardär Warren Buffett einen großen Teil seines Vermögens gestiftet hat.

Angesichts der anhaltenden Schwierigkeiten, Maßnahmen für mehr ökologische Nachhaltigkeit politisch durchzusetzen, Konzerne zum Einhalten von Gesetzen zu bewegen oder Privatpersonen daran zu hindern, mit ihrem Vermögen Politik zu finanzieren, argumentieren wir für eine andere Bewertung von wirtschaftlicher Größe. Wir halten die Vorstellung, es gebe »guten, verdienten« und »bösen, unverdienten« Reichtum, zum einen empirisch für eine Illusion und zum anderen politisch für wenig zielführend. Dies lässt sich ökonomisch und demokratietheoretisch begründen. Aus unserer Sicht *kann* Reichtum nicht verdient sein, weder als Privatvermögen noch als Bilanzsumme. Großvermögen sind aus einer ganzen Reihe von Gründen ein quasi natürlicher Gegenpol von Demokratie, Gerechtigkeit und Nachhaltigkeit. Diese Erfahrung wird so systematisch gemacht, dass von einer prinzipiellen Ursache auszugehen ist. Was passiert da, und warum macht die Größe den Unterschied?

Das wichtigste Kennzeichen von Großvermögen ist der Verlust an Pluralität durch das »Vermögen« (im wahrsten Sinne des Wortes), die Loyalität und die Werte anderer Menschen auf ein bestimmtes Ziel hin auszurichten und sie gegebenenfalls auch wirtschaftlich davon abhängig zu machen, zum Beispiel über ein Gehalt. Ein Großvermögen und sein Personal sind innerhalb der Gesellschaft eine entschlossene und gut organisierte Minderheit von Menschen, die ihre Energie auf ein gemeinsames Ziel richten. Dieses Ziel entwickelt eine Eigendynamik und bezieht immer mehr Menschen ein, weil es ihnen dank seiner Mittel wirtschaftliche Vorteile bieten kann. Ein Großvermögen ist dann nicht mehr einfach nur ein Teil des gesellschaftlichen Diskurses, sondern formatiert ihn fortwährend. Es kann seine Mittel in die soziale Konstruktion seiner Wahrnehmung stecken: die öffentliche Meinung einseitig beeinflussen, Medien aufkaufen, Lobbyismus betreiben, andere verklagen.[24] Dabei ist es prinzipiell unerheblich, ob dieses Großvermögen eine juristische Person oder eine Privatperson ist. Mit Großvermögen bezeichnen wir große Unternehmen und Konzerne, deren Bilanzwert Hunderte von Millionen oder gar Milliarden Euro beträgt, aber auch große Privatvermögen in ähnlicher Höhe. Für uns ist vor allem relevant, ob maßgeblich wirtschaftliche Ziele verfolgt werden. Insofern stellen auch Verbände oder Gewerkschaften machtvolle wirtschaftliche Interessenblöcke dar, auch wenn sie üblicherweise kein großes Vermögen besitzen. Walter Eucken prägte für solche institutionalisierten Interessenblöcke den Begriff »Machtkörper«. Unser Fokus liegt jedoch auf Großvermögen.

## 8.2 Theoretiker der Macht

Betrachten wir zunächst einmal die gängigste Form von Großvermögen, ein sehr großes Unternehmen. Mit seiner Größe wachsen regional oder auch überregional der Druck und die Bereitschaft, das Unternehmen und seine Arbeitsplätze zu erhalten. Zulieferfirmen werden zunehmend abhängig von diesem Auftraggeber, der wiede-

24 Klagemöglichkeiten offenbaren eine erhebliche Machtasymmetrie, die dem Grundsatz der Gleichheit vor dem Gesetz offensichtlich widerspricht. Es ist für ein Großvermögen nicht sehr riskant, eine kleine Firma beispielsweise wettbewerbsrechtlich zu verklagen und den Streitwert dabei in die Höhe zu treiben, selbst wenn die Klage wenig Aussicht auf Erfolg hat. Das Risiko für den Gegner ist sofort existenziell, und erfahrungsgemäß wird er bereits angesichts der Androhung klein beigeben.

rum seine Marktmacht einsetzen kann, um ihnen die Bedingungen zu diktieren. Typische Beispiele sind die Konzentrationen im Lebensmittelhandel oder in der Möbelindustrie. Im schlimmsten Fall wird das Auslastungs- und Absatzrisiko einer ganzen Industriesparte zur »nationalen Aufgabe« (wie im Falle Deutschlands bei der Autoindustrie), was dann in einer Krise zu »Feuerwehrsubventionen«, Ministererlässen oder eher breitbandigen Konjunkturpaketen führt.

International hat ein solches Unternehmen viele Möglichkeiten, Staaten gegeneinander auszuspielen. Stichwörter wie »Steueroptimierung« oder »Steuerbefreiung« – zum Beispiel für Flugbenzin – und natürlich weiterhin Subventionen wie »Ansiedlungsprämien« mögen an dieser Stelle ausreichen. Anstatt vom Wettbewerb kontrolliert zu werden, formt ein solches Unternehmen den Markt – hauptsächlich mit dem Ziel, den Wettbewerb einzuschränken. Die Größe des Unternehmens macht seinen Lobbyismus lohnender, seine höhere Effizienz stellt die Mittel für seinen Lobbyismus bereit, seine gesellschaftliche Bedeutung macht seinen Lobbyismus hoffähig und Menschen eher willens, für das Unternehmen als Lobbyisten zu arbeiten.

Das Interesse einer privatwirtschaftlichen Organisation ist zum gesellschaftlichen Interesse geworden, mit der Bereitschaft, Kosten zu vergesellschaften und Nachhaltigkeitsziele zu ignorieren, da zusätzlicher Ressourcenverbrauch und fehlende Nachhaltigkeit Wettbewerbsvorteile darstellen. Der entscheidende Hebel, mit dem die staatlichen Interventionen motiviert werden, sind natürlich die stets knappen Arbeitsplätze. Die Gesellschaft hat sich selbst in eine Lock-in-Situation manövriert, indem sie Größe zulasten von Pluralität und Flexibilität zugelassen hat. Der Kapitalismus ist hier nicht mehr flexibel, wie seine Befürworter behaupten, sondern hat gesellschaftliche Garantien erhalten.

Am besten lassen sich die sozialen Mechanismen, die dabei zum Tragen kommen, als systematische Schieflagen beschreiben. Das bedeutet keine unausweichlichen Entwicklungen, sondern eine hohe Wahrscheinlichkeit, dass sich Dinge so und nicht anders ereignen.

- Nach dem Ersten Weltkrieg wurden einige bestehende wirtschaftliche Syndikate[25] vonseiten der Politik zu »Selbstverwaltungskörpern« aufgewertet. Es wurde eine Zwangsmitgliedschaft für Unternehmen verordnet, andererseits wurden auch Vertreter der Arbeiterschaft und der Konsumenten an der Leitung beteiligt. Die Idee der heutigen Bewegung für eine Solidarische Ökonomie, dass Kooperation besser sei als Konkurrenz, wurde damals testweise realisiert. Eucken stellte lakonisch fest, dass der Versuch scheiterte: Alte Gegner wurden auf einmal zu Verbündeten in der Bewahrung der Monopole, von denen sie gemeinsam profitieren konnten. War die Arbeiterschaft erst einmal am Monopolgewinn beteiligt, hatte sie ein ebenso starkes Interesse daran wie die Unternehmer.

- Die Kartellverordnung von 1923 installierte eine staatliche Kartellaufsicht und ein Kartellgericht. Kartelle blieben rechtsgültig, ihnen wurde lediglich bestimmter »Missbrauch« untersagt. Diese Maßnahme wurde von der Wirtschaft zunächst als Eingriff in die Unternehmerfreiheit empört bekämpft. Als dann aber das Wirtschaftsministerium parallel dazu begann, den Wettbewerb zu beleben und die stark »kartellisierten« Märkte aufzulockern, drehte sich der Wind: Wettbewerb war viel schlimmer als staatliche Kontrolle. Anstelle eines ruinösen Wettbewerbs wurden Kartelle nun – unter Einbeziehung der Gewerkschaften – als eine höhere Form wirtschaftlicher Entwicklung gepriesen. Mehr und mehr Industrieunternehmen begannen, sich lieber staatlicher Aufsicht zu unterwerfen und Kartelle zu bilden, als im Wettbewerb zu stehen. 1925 gab es 2.500 Kartelle im Deutschen Reich. Euckens zweite Feststellung lautete: Eine Monopolkontrolle, die sich gegen den sogenannten Missbrauch wirtschaftlicher Machtstellung wendet, scheitert. Einmal etablierte Macht ist nicht wieder in den Griff zu

25 Ein Syndikat war damals eine Zusammenarbeit mehrerer Unternehmen der gleichen Branche mit einer gemeinsamen Verkaufsorganisation. Ende des 19. Jahrhunderts waren solche Zusammenschlüsse (faktisch Monopole) gang und gäbe, heute sind sie als Wirtschaftskartelle illegal.

bekommen, deshalb muss sich Wirtschaftspolitik gegen die Entstehung von Macht überhaupt wenden.

- Das Problem wird auch nicht gelöst, wenn die wirtschaftliche Macht von der privaten in die staatliche Hand wechselt. Unter den Nationalsozialisten wurden Kartelle zunehmend von der staatlichen Zentralverwaltung gesteuert, durch Rohstoffzuteilungen und globale Produktionsanweisungen. Nach dem Zweiten Weltkrieg sollten in Ostdeutschland Staatsbetriebe die Bevölkerung mit Gütern versorgen. Der Wirtschaftsprozess wurde also von einer kleinen Schicht von Funktionären beherrscht. Eucken schlussfolgerte: Sowohl unter einer Zentralverwaltung bei formaler Beibehaltung des Privateigentums als auch nach einer Verstaatlichung üben die zentralen Planstellen eine erhebliche Macht aus, von der alle anderen abhängig sind, auch Arbeiter und Konsumenten.

## 8.3 Systematische Regelbrüche und zwangsläufige Akkumulation

Nun muss man zugeben, dass die Verhältnisse, wie Eucken sie erlebt und analysiert hat, in dieser Form heute überwunden sind. Über die negativen Folgen von Kartellen ist man sich einig, und die wichtige Rolle, die ein funktionierender Wettbewerb für den Wohlstand spielt, ist unbestritten. Allerdings bleibt Euckens Perspektive weiterhin aktuell, wenn man den Lobbyismus von Großvermögen betrachtet und auch wenn man den Wettbewerbsblick nicht auf einzelne Branchen verengt (wie es das Bundeskartellamt und entsprechende andere nationale Behörden tun), sondern die Güterproduktion insgesamt betrachtet und vor allem das Zusammenspiel von Produzenten und Politik. Wiederum liefert Deutschland als modernes Industrieland reichlich Beispiele.

Dass Deutschland ein »Autoland« ist, schmeichelt der nationalen Seele und erzeugt selbstbewusste Bilder von begabten Tüftlern und tüchtigen Ingenieurinnen, die aufgrund »deutscher Tugenden« und eines weltweit kopierten dualen Ausbildungssystems ein einzigartiges Humankapital darstellen würden: »Deutschland – Land der Ideen«. Solange die Autokonzerne nicht übertreiben, wird niemand ihre dominierende Marktstellung auch nur ansatzweise infrage stellen. Damit ist nicht ihre Marktstellung innerhalb des Automarktes gemeint, denn dort herrscht durchaus Wettbewerb, sondern die Tatsache, dass der ganze Wirtschaftszweig 2016 einen Umsatz von etwa 400 Milliarden Euro generierte und 7,7 % der gesamten Wirtschaftsleistung Deutschlands direkt oder indirekt von der Autoproduktion abhängen, vor allem von ihren Exporten. Der Eucken'sche Machtkörper ist heute nicht mehr nur eine einzelne Körperschaft, sondern eine *nationale* Industriesparte, die mehr gemeinsame Interessen als Konfliktfelder hat. Das Kartell benötigt gar keine Preisabsprachen mehr, es reicht völlig aus, dass es 7,7 % der nationalen Wirtschaftsleistung für sich vereinnahmt. Die politische »Landschaftspflege«, wie der parteiübergreifende Lobbyismus beschönigend genannt wird, kommt letztlich irgendwie allen zugute, und die getätigten Investitionen sind viel zu groß, als dass man sie jemals aufgeben könnte. Selbst im Falle von systematisch manipulierten Abgassystemen bleibt es (zumindest in Deutschland) bei einer scharfen öffentlichen Rüge, die kaum weitere Konsequenzen hat. Die Autoindustrie ist nicht nur *too big to fail*, sondern anscheinend auch *too big to jail*, ähnlich wie manche Großbanken.[26] Andere Länder haben andere Branchen von »nationalem Interesse«: Luxemburg verkauft seine Steuerpolitik (mit symbolischen Steuersätzen für internationale Konzerne), Russland seine Rohstoffe, das Vereinigte Königreich seine Finanzdienstleistungen.

Neben der Hoffnung, es handele sich bei Regelbrüchen und exzessivem Lobbyismus um individuelle Ausrutscher, vereinzelte Abweichungen vom sozial erwünschten Verhalten, gibt es in der Politik

26 So wurden die Geldwäschevorwürfe gegen die britische Großbank HSBC im Dezember 2012 laut Aussage des stellvertretenden US-Justizministers Lanny Breuer deshalb nicht strafrechtlich verfolgt, weil dies zur Destabilisierung des ganzen Bankensystems geführt hätte.

ebenso wie in der Öffentlichkeit die Hoffnung, man könne durch bessere Regulierung, Strafgesetzgebung oder internationale Abkommen Probleme dieser Art eindämmen, in der Autoindustrie genauso wie bei Libor-Manipulationen, Wirtschaftskartellen oder Steueroasen. Beide Hoffnungen sind eine Illusion, denn wenn ein *systematischer* Anreiz besteht, gegen Regeln zu verstoßen oder sie zu beeinflussen, werden solche wirtschaftlichen und politischen Manipulationen *systematisch* auftreten *müssen*. Das ist die moderne Formulierung der Botschaft von Eucken, der den Abgasskandal vermutlich mit dem allergrößten Interesse studiert hätte.

Die besondere Schieflage besteht darin, dass die Anreize zum Regelbruch zu groß sind, und zwar bereits aufgrund der Unternehmensgröße bzw. der gehandelten Volumina. Ein Regelbruch kann hier einen finanziellen Vorteil verschaffen, der nicht Tausende oder Millionen von Euro, sondern Milliarden von Euro beträgt. Daher lohnt es sich, viele Menschen ausschließlich mit der Aufgabe zu beschäftigen, »Optimierungspotenziale« zu suchen, die systematisch in Regelbrüchen enden: Techniker, Anwältinnen, Lobbyisten – eine volkswirtschaftliche Zeitverschwendung ersten Ranges. Die bekannt gewordenen Skandale sind dabei vermutlich nur die Spitze des Eisbergs. Im Falle der Abgasmanipulationen von Autos wurde besonders deutlich, wie eng Big Business verquickt ist mit Big Government und Big Administration: Es waren auch die mit der Kontrolle beauftragten Behörden, welche personell und ideell der Autoindustrie nahestehen, und es war die Bundesregierung (es wäre *jede* Bundesregierung gewesen), welche ein Klima des Wohlwollens und der Nachlässigkeit mittrugen.

Zur politischen und gesellschaftlichen Zurückhaltung, wirtschaftliche Macht zu begrenzen, kommen noch weitere, ökonomische Effekte. Da ist zum einen die fast »automatische« Konzentration von Reichtum. Ungleichheit in einer Gesellschaft tendiert zur Selbstverstärkung, weil Großvermögen mehr und bessere Gelegenheiten für Handel, Investition und Spekulation haben. Die beiden französischen Physiker Jean-Philippe Bouchaud und Marc Mézard haben diese Effekte im Jahr 2000 numerisch simuliert und herausgefunden, dass bereits unter normativ sehr sparsamen Bedingungen Ungleichheit sprunghaft ansteigen und zu einer zufälligen Konzentration von Vermögen in den Händen weniger führen kann – ein Effekt, den sie *wealth condensation* nannten. Dafür braucht es keine Gier, sondern nur Popitz' ökonomische Chancen: Wer mehr Geld hat, hat »freies Risikokapital« zur Verfügung und kann Verluste verschmerzen. Da Investitionen und Geldanlagen aber systematisch öfter gelingen als scheitern, wächst das Kapital im Mittel. Zudem wird die Kapitalverwaltung immer professioneller, je größer das Kapital ist, Spezialisierung und Arbeitsteilung haben auch hier positive Effekte. Die Veröffentlichungen der Arbeitsgruppe um den französischen Ökonomen Thomas Piketty haben gezeigt, dass es so fast zwangsläufig zu Akkumulation kommt, wenn auch nicht bei jedem, der dies beabsichtigt. Ein beträchtlicher Anteil dieser großen Vermögen ist inzwischen teils über mehrere Generationen vererbt, sodass die wirtschaftliche Ungleichheit wieder so groß ist wie zuletzt vor 100 Jahren. Akkumulation hat also nur marginal etwas mit besserer Leistung *der Eigentümer* im originären Sinne zu tun. »Der Teufel scheißt immer auf den größten Haufen« ist die dazugehörige Volksweisheit. Wenn das Wachstum des Nationaleinkommens mit den Kapitalerträgen nicht mithält (und das tut es empirisch nicht), so wird der Kapitalismus laut Piketty instabil. Mit Marktwirtschaft hat das alles nichts zu tun.

## 8.4 Akkumulation als unwiderstehliches Angebot

Letztlich ist es völlig nachvollziehbar und »natürlich«, dass Menschen versuchen zu akkumulieren. Das soll keine naturalistische Begründung für die Toleranz gegenüber Fehlverhalten sein, sondern ein Appell für die Verwendung eines realistischen Menschenbildes in der Politik – ein Anspruch, der seit jeher ein Kennzeichen des politischen Liberalismus war. Es gibt für Personen gute ökonomische Gründe, »mehr haben zu wollen«. Geltungskonsum (also das Angeben mit Konsumgütern) und Vermögensakkumulation sind funktional, weil sie Wege des Aufstiegs eröffnen. Weit oben auf der sozialen und ökonomischen Leiter zu stehen führt zu substanziellen materiellen Vorteilen, beispielsweise beruflichem Fortkommen, und ist mit besserer Gesundheit und höherer Lebenserwartung verbunden – und besseren Chancen bei der Partnerwahl. Zugleich wirkt ein solches Verhalten als Vorsichtsmaßnahme: Status, soziale Distinktion und Akkumulation dienen unter anderem dazu, existenzielle Bedrohungen beispielsweise durch Arbeitsplatzverlust zu vermeiden. Das ist sicherlich nicht das, was wir als »persönlichen Wachstumszwang« bezeichnen würden, denn es bestehen Alternativen. Aber wenn gesamtgesellschaftlich eine Tretmühle entsteht, aus der herauszufallen jeder verhindern möchte, dann kann sich dieses fast unwiderstehliche Angebot ähnlich zwingend auswirken. Auch aus dieser Perspektive hätte ein individueller Wachstumsverzicht gewissermaßen inakzeptable Konsequenzen.

Das Gleiche gilt für Unternehmen: Ihr Wachstum hat rationale Gründe, denn eine Spitzenposition sorgt für eine höhere Kapitalrendite. Marktführer gelten als solide und vertrauenswürdig, ihr Erfolg spricht aus Sicht potenzieller Kunden für sich. Sehr große Unternehmen oder Verbände mit politischem Einfluss können die Politik mit systemischen Risiken oder Arbeitsplätzen erpressen. Die enge Verzahnung großer Unternehmen macht Marktakteure *too big to fail* und führt zu staatlichen Garantien, die als Subventionen angesehen werden müssen. So können sie einen Teil ihrer Einnahmen leistungslos erzielen und – was fast noch wichtiger ist – die Bedeutung ihrer Branchen steigern und erhalten, indem existenzielle Voraussetzungen von staatlicher Seite garantiert und gefördert werden. Deutschland als »Autoland« bedeutet eben vor allem auch ökologisch nicht nachhaltige Rohstoffimporte, gesicherten Freihandel, maßvolle Umweltauflagen, eine üppige, öffentlich finanzierte Straßeninfrastruktur, ein steuerliches Dienstwagenprivileg, staatlich geduldete Wettbewerbsnachteile für alternative Verkehrsmittel und so weiter. Das betrifft auch das mitunter geäußerte Argument,. Innovationen würden nicht in Behörden entwickelt, sondern nur in marktorientierten Unternehmen. Die Ökonomin Mariana Mazzucato konnte empirisch untermauern, dass grundlegende Innovationen wie GPS, Internet, Touchscreen, der Suchalgorithmus von Google oder bestimmte neue Medikamente durch staatliche Einrichtungen oder Finanzierungen ermöglicht wurden. Die Erträge werden aber privatisiert, wodurch ein weiteres Auseinanderfallen von Kosten und Nutzen vorliegt. Gerade im Bereich von »Zukunftstechnologien« ist es überhaupt nicht zielführend, Unternehmen und Staat in einen Gegensatz zu stellen.

Eucken sah auch solche Fälle kritisch, in denen sich zwei Machtkörper als Verhandler gegenüberstehen, beispielsweise Arbeitgeberverbände und Gewerkschaften. Man könnte vordergründig meinen, die Machtpositionen würden sich ausgleichen. Aber die aus diesen Verhandlungen resultierenden Preise (in diesem Fall Löhne) können die realen wirtschaftlichen Bedingungen nicht korrekt widerspiegeln. Sie sind ein eher zufälliges Ergebnis der aktuellen Machtpositionen und als »Globalpreise« der Kleinräumigkeit von Wirtschaft nicht angemessen. Einige Gewerkschaften sind heute ein großes Hindernis auf dem Weg zu ökologischer Nachhaltigkeit, weil sie eine feste Koalition mit den industriellen Arbeitgebern in der Verteidigung von Arbeitsplätzen – richtiger: Einkommensprivilegien durch Ressourcenverbrauch – eingegangen sind. Zehntausende Airbus-Mitarbeiter haben ihre Existenz vom Ressourcenverbrauch abhängig gemacht. Sie (bzw. ihre Vertreter) *können* nicht für ökologische Nachhaltigkeit sein. Eucken war nicht gegen Gewerkschaften, sondern gegen wirtschaftliche Macht. Er erkannte wohl an, dass Gewerkschaften die plausible Antwort auf die Machtkonzentrationen der Arbeitgeberseite waren. Aber das Grundproblem wurde nicht gelöst. Das Problem der wirtschaftlichen Macht kann niemals durch Gegenmacht (also weitere Konzentration von Macht) gelöst werden, so seine Überzeugung.

## 8.5
## Wirtschaftliche Macht und Demokratie

»Machtkörper«, welche die Interessen vieler Akteure bündeln und »gleichrichten«, sind für Demokratien, deren wesentliches Ziel die Machtbegrenzung ist, inakzeptabel. Repräsentative Demokratie ist – im Gegensatz zu einem wirtschaftlichen Markt – vor allem ein politisches Konzept für den Umgang mit Fehlbarkeit, nicht mit Exzellenz. In einer repräsentativen Demokratie werden Vertreter gewählt, die sich ganz im Sinne der Arbeitsteilung auf eine wichtige gesellschaftliche Aufgabe konzentrieren und dabei häufig eine beachtliche und wertvolle Expertise aufbauen. Allerdings kommt es hier, noch stärker als im Markt, systematisch zu Konflikten zwischen Gemeinwohl und Eigennutz, weil Politik vor allem auf das Gemeinwohl ausgerichtet sein soll.[27] Das ist nicht weiter schlimm, wenn das Ausmaß des Eigennutzes überschaubar bleibt, aber dafür braucht es vor allem Transparenz sowie eine systematische Begrenzung der Möglichkeiten des Einzelnen. Im Markt wird diese Aufgabe durch die ständige, flexible und kleinteilige Abstimmung mittels Kaufentscheidungen (Wettbewerb) wahrgenommen, wobei diese Kaufentscheidungen durch Geld und Budgets in Richtung Rationalität gedrängt werden. Ein solcher Mechanismus ist im politischen Prozess nicht vorgesehen und wohl auch nicht wünschenswert.

Stattdessen gibt es periodische (Ab-)Wahlen, und für die Zeiträume dazwischen müssen andere Mechanismen greifen. So kommen wir zu den Institutionen der repräsentativen Demokratie mit ihren Prinzipien von *Machtbegrenzung* und *Begrenzung der Versu-*

27 Die *New Political Economy* nimmt sich dieses Themas wissenschaftlich an und betrachtet (1) Politiker ebenso wie alle anderen als persönliche Nutzenmaximierer, sodass sich (2) das Gemeinwohl eher als unbeabsichtigter Nebeneffekt ihres Handelns ergebe. Wir halten (1) für plausibel, aber (2) für zu pointiert und nehmen an, dass die Anreize zu gemeinwohlschädlichem Verhalten zu groß sind, weil es mächtige Wirtschaftsinteressen gibt. Förderung des Gemeinwohls und persönliche Nutzenmaximierung sind durchaus kompatibel als generalisierte Reziprozität, wie beim Leistungsprinzip in Kapitel 3 ausgeführt.

Belege angeführt, dass ungleichere Gesellschaften in vielen Indizes sozialen Wohlbefindens schlechter abschneiden als gleichere, und zwar *quer durch alle Bevölkerungsschichten*.

- Massive Ungleichheit gefährdet die finanzielle Stabilität. Forderungen (Geld und sonstige Finanzanlagen) stellen Ansprüche auf zukünftige Wirtschaftsleistung dar. Wachsen sie stets, besteht die Notwendigkeit von Wachstum, um sie plausibel bedienen zu können. Wir haben in Kapitel 5 ausgeführt, dass ihre Akkumulation zu steigender Verschuldung an anderer Stelle führt. Damit kann Akkumulation ökonomisch destabilisierend wirken.

- Großvermögen werden genutzt, um gesellschaftliche Regeln folgenlos brechen zu können, und sie werden insbesondere genutzt, um zu verhindern, dass gesellschaftliche Regeln beschlossen werden, welche das Geschäftsmodell bedrohen.

## 8.6 Politische Maßnahmen

Euckens Schlussfolgerung war so klar wie einfach: Alle Großvermögen und wirtschaftlichen Machtkörper sind aufzulösen, zu entflechten, zu verkleinern, weil mit ihnen kein anderer Umgang zu finden ist. Machtansprüche und die Energie zu ihrer Durchsetzung wachsen mit den Möglichkeiten, also muss man die Möglichkeiten begrenzen. Das Bestreben von Menschen, Macht zu missbrauchen, ist anders nicht wirksam einzudämmen. Eucken formulierte, das Ziel müsse eine »Wettbewerbsordnung« sein, was für viele Menschen intuitiv nach gehetzter Tretmühle klingt. Aber nur der Innovationswettbewerb ist gehetzt, nicht der Leistungswettbewerb. Letztlich meinte Eucken das Gleiche wie wir: Ziel müsse sein, dass die Menschen wirklich die Früchte ihrer eigenen Arbeit genießen können, denn davon profitieren letztlich alle.

Das klingt angesichts der wirtschaftlichen Rolle von Konzernen widersprüchlich und unrealistisch. Der Verzicht auf Konzerne soll zu mehr Wohlstand führen? Firmen wie Airbus, IKEA, Nestlé und Facebook abschaffen? Die Pharmaindustrie schrumpfen? Das scheinbar Unrealistische dieser Forderungen hat unseres Erachtens zwei Ursprünge: Zum einen ist das Unbehagen groß, anderen wieder wegzunehmen, was sie einmal erworben haben. Reichtum stark zu besteuern oder zu enteignen gilt vielen als problematisch, da Reichtum »verdient« sein könnte. Zum anderen haben wir hier das gleiche Phänomen wie beim technischen Fortschritt, von dem sich kaum jemand vorstellen kann, dass er jemals aufhört. Die mit Konzernen und um sie herum aufgebaute Infrastruktur, im Grunde die gesamte industrielle Moderne, *kann* nicht zur Disposition gestellt werden. Auf ihr beruhen unser Wohlstand, die Erfolge der Medizin, die soziale Stabilität und die demokratischen Errungenschaften. Die entsprechenden Argumentationen enthalten Begriffe wie Mittelalter oder Steinzeit, man verweist gerne auf die Notwendigkeit des medizinischen Fortschritts oder die Notwendigkeit von Gentechnik zur Bekämpfung des Welthungers. Die Befreiung der Menschen von harter und gefährlicher oder auch nur stumpfsinniger Arbeit, die dank der Technologie nun von Maschinen verrichtet wird, wird als sozialer Fortschritt gefeiert, ebenso wie die Überwindung von Zeit und Raum durch die Digitalisierung.

Das ist jedoch eine sehr funktionalistische Sichtweise und damit typisch für die Politik. Die Plausibilität dieser Sichtweise hängt vom Wohlstandsbegriff ab und davon, ob man Wohlstand kurz- oder langfristig betrachtet. Vor allem aber meint man, sozial Wünschenswertes gegen objektiv Notwendiges aufrechnen zu können, was seit jeher das Kennzeichen eines politischen Funktionalismus ist. Diese Aufrechnung ist ein sogenannter Kategorienfehler: Das eine hat mit dem anderen einfach nichts zu tun. Es geht weniger darum, was wir gerne erhalten oder noch erreichen möchten, sondern darum, was auf Dauer tragfähig ist, und hier verweisen wir erneut auf das unserer Ansicht nach dringendste und bislang völlig vernachlässigte Problem der ökologischen Nachhaltigkeit.

Es fehlt bis heute jede Evidenz, dass unser heutiges Wohlstandsniveau auch nur annähernd mit einer notwendigen Kreislaufwirtschaft kompatibel ist. Stattdessen ist über fast 50 Jahre hinweg systematisch der Nachweis erbracht worden, dass sich die Rohstoffverbräuche von Industriegesellschaften nicht substanziell reduzieren lassen. Es ist völlig fehlgeleitet, dies als mangelnden politischen Willen zu deuten. Viel eher ist es offensichtlich unmöglich, auf die ökonomischen Leistungen von Rohstoffen zu verzichten, welche aufgrund ihrer materiellen Eigenschaften den größten Anteil an der ökonomischen Wertschöpfung haben. Energiewende, Materialwende, Verkehrswende sind zwar technisch denkbar, aber ökonomisch nicht leistbar. Ihre Durchführbarkeit setzt die enorm verbrauchende Infrastruktur, die sie überwinden wollen, stets ökonomisch voraus. Um es noch einmal zu wiederholen: Weder unsere Skepsis noch irgendeine Technologiegläubigkeit spielen für die Realisierung der von uns vorgeschlagenen Politikmaßnahmen eine Rolle. Wer überzeugt ist, dass die industrielle Moderne sich mit ökologischer Nachhaltigkeit vereinbaren lasse, kann eigentlich nichts gegen Verbrauchsbeschränkungen haben, denn nur dadurch wird sich der Nachweis erbringen lassen. Wenn wir es weiterhin privatwirtschaftlicher Initiative überlassen, wie viele Rohstoffe verbraucht werden, wird es nie genug sein, weil man sich durch Mehrverbrauch am Markt immer besserstellen kann. Mit Konzernen werden wir Verbrauchsbeschränkungen kaum je erreichen, und mit Großvermögen wird Demokratie immer fragil bleiben. Die ökologische Frage ist untrennbar mit der Frage wirtschaftlicher Macht verknüpft.

Zudem hat es bereits einige »realistische« Ansätze gegeben. Es gibt für diese Art der ökonomischen Machtbegrenzung historische Vorbilder und bewährte Mechanismen, die für Demokratien gangbar sind. Ein Gutteil dieser Erfahrungen stammt sogar aus dem »Mutterland des Kapitalismus«, den USA, wo von Anfang des 20. Jahrhunderts bis in die Zeit des Zweiten Weltkriegs Antitrustgesetze, neue Institutionen auf Bundesebene und eine substanzielle Besteuerung hoher Einkommen für eine Wiedergewinnung staatlicher Handlungsfähigkeit gegenüber mächtigen Wirtschaftsakteuren sorgten.

Ähnlich wie eine Verbrauchsbegrenzung ist auch diese Form politischer Grenzsetzung strukturell einfach. Eine progressive Einkom-

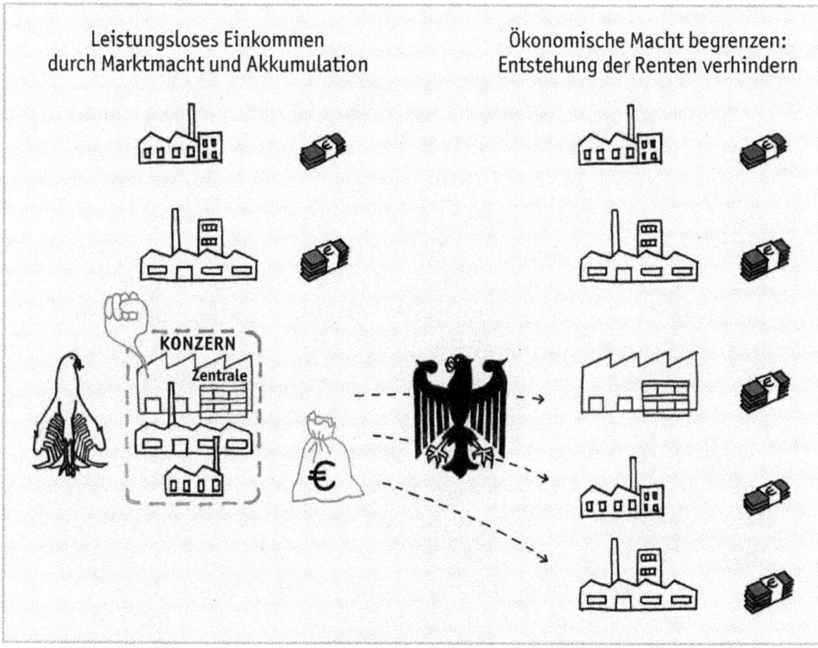


**Abbildung 8:** Leistungslose Einkommensanteile durch Marktmacht und Akkumulation. Das gesellschaftliche Erpressungspotenzial des Konzerns führt zu Einkommen, die über der wirtschaftlichen Leistung liegen. Die Aufteilung in machtbegrenzte Einzelunternehmen reduziert diese Einkommen auf ihren gesellschaftlichen Leistungsanteil. *Grafik: Grit Koalick, visuranto.de; Farbversion: www.marktwirtschaft-reparieren.de.*

mensteuer mit sehr hohen Grenzsätzen (in der Größenordnung von 90 %) würde dafür sorgen, dass Akkumulation auf hohem Niveau immer schwieriger wird. Wie in Kapitel 7 angedeutet, sollte die Einkommensteuer für niedrige Einkommen hingegen reduziert werden. Kapitaleinkommen dürfen dabei keinesfalls geringer besteuert werden als Arbeitseinkommen, wie dies heute beispielsweise durch die Abgeltungssteuer der Fall ist. Ergänzen würde man dies mit einer Vermögensteuer, die weit geringere Grenzsätze haben könnte. Das wäre die zweite Sicherung, die man gegen Akkumulation einbauen müsste. Sie wäre nötig, um die systematische Schieflage zugunsten der zunehmenden Investitionserfolge von Großvermögen zu beseitigen *(wealth condensation)*, die auch bei einer progressiven Einkommensteuer immer noch zum Tragen käme.

Intuitiv klingt das ungerecht, weil man den Eindruck hat, dass eine erwirtschaftete Leistung durch Besteuerung gewissermaßen weggenommen wird – Libertäre beklagen dementsprechend Steuern als »Raub« und die dafür aufzuwendende Arbeitszeit als »Zwangsarbeit«. Wir haben jedoch deutlich gemacht, dass niemand beliebig viel leisten kann und extrem hohe und niedrige Einkommen Zeichen einer ungerechten und sozial instabilen Wirtschaftsordnung sind. Wenn man die Privatisierung leistungsloser Erträge verhindert, wird auch die Idee einer hundertmal höheren »Leistung« ihren Sinn verlieren. Es gibt höhere Leistungen, und es ist auch gesellschaftlich funktional, sie höher zu entlohnen. Aber ein hohes persönliches Einkommen jenseits einer gewissen Grenze ist ebenso wie ein hohes Vermögen der Nachweis, dass systematisch Reziprozität verletzt wurde, selbst wenn dieser Transfer »freiwillig« geschieht.

Menschen sind möglicherweise auch deshalb dagegen, hohe Einkommen zu besteuern, weil dies ihren eigenen Traum gefährden könnte. Das archetypische Narrativ des *american dream* erzählt, dass jeder mit Talent und Anstrengung eine realistische Chance habe, sich mit seinem Einkommen über die Masse zu erheben. Der *american dream* ist eng mit dem Narrativ der *frontier* verbunden, der Ausdehnung des Lebensraums in die unendlichen Weiten des Westens. Durch harte Arbeit konnte man damals tatsächlich einen im Vergleich zu heute bescheidenen materiellen Reichtum selbst erwirtschaften. Man rang der Natur buchstäblich seinen Wohlstand ab, und diese Intuition trägt bis heute weiter. Ihr würde dadurch entsprochen, dass die Einkommensteuer im »normalen« Einkommensbereich deutlich reduziert werden könnte, wenn die staatlichen Einnahmen zu einem höheren Anteil aus Bodenwertsteuern stammten und die Sozialversicherungssysteme durch Vollbeschäftigung entlastet würden. Arbeit würde dadurch finanziell deutlich bessergestellt.

Ähnlich wie eine Bodenwertsteuer brächte auch eine Vermögensteuer gesellschaftliche Kosten und Nutzen in Einklang: Eine wichtige, allgemein anerkannte und kostspielige Aufgabe des Staates ist die Gewährleistung des Eigentums. Grundbücher und Handelsregister werden geführt, weite Teile der Polizeiarbeit und des Gerichtswesens sind dieser Aufgabe gewidmet. Wenn derjenige die Kosten tragen soll, der die Vorteile gesellschaftlicher Leistungen genießt, könnte diese gesellschaftliche Aufgabe plausibel aus einer Vermögensteuer mitfinanziert werden.

Progressive Einkommen- und Vermögensteuern würden eine faktische Obergrenze für Vermögen sichern, ohne dass man diese genau spezifizieren müsste. Letztlich ist es eine Frage der richtigen Parameter, also der Steuersätze: Welche Formen von »großer wirtschaftlicher Aktivität« möchte die Gesellschaft Menschen und Körperschaften noch zugestehen? Derzeit werden massiv Mittel in fragwürdige Großindustrien gesteckt, weil sich dort viel Gewinn machen lässt, der jedoch nicht in erster Linie auf Quellen gesellschaftlichen Wohlstandes hindeutet, sondern vor allem auf die Abhängigkeit von bestimmten gesellschaftlichen Infrastrukturen. Obergrenzen für Vermögen könnten diese Fehlallokationen verringern und zu mehr wirtschaftlicher Freiheit für den größeren Teil der Wirtschaftsakteure beitragen.

TEIL IV

# Abschluss

# Kapitel 9

# Regulierung richtig verstanden

Die Idee der Marktwirtschaft ist eine vernünftige soziale Utopie. Sie kann Freiheit, Gerechtigkeit und ökologische Nachhaltigkeit systematisch verbinden und bietet dafür gangbare politische Gestaltungsmöglichkeiten an. Bewährte Mechanismen wie Gewinn, Geld, Zins und Wettbewerb sorgen für eine strukturell einfache und dezentrale Koordination wirtschaftlicher Aktivitäten. Der heutige Kapitalismus als real existierende Marktwirtschaft ist weit von dieser Utopie entfernt. Soziale Ungerechtigkeit, Armut neben Reichtum, ökologische Zerstörung sowie ein geradezu verzweifeltes Streben nach Wirtschaftswachstum sind Belege dafür. Die Ursachen liegen in leistungslosen Einkommen, fehlenden ökologischen Leitplanken und Machtakkumulation. Diese sind nicht Ausdruck marktwirtschaftlicher Prinzipien, sondern ihrer Verletzung.

Auch wenn es (mitunter spektakuläre) Fälle von Gier und Rücksichtslosigkeit gibt, so sind viele dieser Verwerfungen nicht das Ergebnis unmoralischen Verhaltens im engeren Sinne. Sie sind eher unbeabsichtigte Nebeneffekte des Handelns ganz normaler Menschen unter ökonomischen Rahmenbedingungen, die falsche Anreize setzen und unproduktive Sachzwänge erzeugen. Häufig geht es schlicht um die dauerhafte Erzielung eines Einkommens. Daraus ergibt sich, dass soziale Ungerechtigkeiten und ökologische Zerstörung primär *ökonomisch* angegangen werden sollten und nicht moralisch. Eine rein kulturelle Transformation ist sehr ambitioniert, weil die ökonomische Anreizstruktur unverändert mächtig bleibt. Das soll niemanden davon abhalten, sein Verhalten zu überdenken, dem eigenen moralischen Kompass zu folgen und innerhalb seines

Wirkungsraums auf die gröbsten Ungerechtigkeiten und Nichtnachhaltigkeiten zu verzichten. Institutionelle Lösungen bleiben aber unentbehrlich, um gesellschaftliche Ziele wie Leistungsgerechtigkeit oder die Bewahrung der Lebensgrundlagen in der Wirtschaftsordnung abzubilden und zu verankern.

## 9.1 Wo muss man die Hebel ansetzen?

Wir haben versucht, die institutionellen Bedingungen von Marktwirtschaft genauer zu spezifizieren, indem wir das Leistungsprinzip als gut begründeten gedanklichen Ausgangspunkt nehmen und damit die Aufgabe von Politik *negativ* als das institutionelle Trockenlegen von Quellen systematisch leistungsloser Einkommen formulieren. Der Vorteil dieser Methode besteht zum einen in der guten Anschlussfähigkeit an breit geteilte Gerechtigkeitsvorstellungen, zum anderen in der empirischen Tatsache, dass es offensichtlich leichter fällt zu spezifizieren, was Leistung *nicht* ist.

Unsere erste Analyse leistungsloser Einkommen bezog sich auf den eigentlichen Wachstumszwang moderner Ökonomien und erkundete den Zusammenhang von Technologie und Ressourcenverbrauch. Der Wert von Technologie besteht in den allermeisten Fällen nicht in der Innovation an sich, sondern im Ersetzen von Arbeit durch Ressourcenverbrauch. Das Leistungsprinzip wird hier eher subtil verletzt, weil Technologie weiterhin »viel Arbeit« bedeutet und somit die leistungslosen Anteile nicht so offensichtlich sind wie beispielsweise bei der Bodenrente. Nur eine explizite Deckelung von Ressourcen- und Naturverbrauch ermöglicht, innerhalb planetarischer Grenzen zu wirtschaften. Damit spielt neben Gerechtigkeitsfragen die Ökologie eine prominente Rolle. Der technische Fortschritt, bei dem es sich heute an vielen Stellen um unlauteren Wettbewerb handelt, müsste auf jeden Fall in eine andere Richtung gelenkt werden. Der Fokus läge auf dem Ressourcensparen, und die gesellschaftliche Bedrohung durch Arbeitslosigkeit würde zurückgehen. Dadurch wäre Wirtschaftswachstum nicht mehr derart alternativlos wie heute. Die Einnahmen aus dem Verkauf der Nutzungszertifikate für Rohstoffe und Natur sollten dazu dienen, ein Minimaleinkommen an alle Bürger auszuzahlen, wodurch jene bessergestellt würden, die wenig Naturgüter verbrauchen. Damit würde letztlich über die Verteilung von Geld ein gleicher Anspruch der Menschen auf die »Früchte der Erde« umgesetzt.

Die zweite unserer Analysen widmete sich Grund und Boden. Zwar macht erst menschliche Arbeit Acker- oder Bauland und deren Werte nutzbar, aber das ist nur zum geringsten Anteil das Verdienst der Eigentümer. Der eigentliche Wert beruht auf der Nähe anderer Menschen und auf der gemeinschaftlich geschaffenen Infrastruktur, die das Grundstück umgibt. Dieser gesellschaftlich erzeugte Wert der Lage wird bisher auf private Rechnung verkauft. Dem ist mit geeigneten Bodensteuern entgegenzuwirken. Die Einnahmen könnten genutzt werden, um öffentliche Investitionen zu finanzieren, im Gegenzug könnten die Steuern auf Arbeit und Kapital (also leistungsgebundene Steuern) reduziert werden. Es würde dann darauf verzichtet werden können, wirtschaftliche Aktivität zu besteuern und Leistungsträger um die Früchte ihrer Arbeit zu bringen.

Unsere dritte Analyse befasste sich mit der Akkumulation von Vermögen und somit Macht. Machtbegrenzung ist ein zentrales Prinzip von Demokratie. Die Begrenzung ökonomischer Macht war davon bisher weitgehend ausgenommen, was zu Einschränkungen des freien Wettbewerbs führt. Die Wettbewerbsregeln verbieten zwar Monopole und Kartelle, aber wegen der riesigen Gewinnmöglichkeiten treten sie doch immer wieder auf. Die Regeln verbieten nicht das »übliche« dominante Verhalten von Großunternehmen gegenüber kleineren Wettbewerbern oder Zulieferern und Kunden, und die Schieflage von Politik zugunsten von Großvermögen und Konzernen können sie ohnehin nicht beseitigen. Ökologische Relevanz ist dadurch gegeben, dass ökologische Regulierungsmaßnahmen oft an »Machtkörpern« scheitern. Gerechtigkeit und damit Marktwirtschaft können nur in machtarmen Strukturen erreicht werden. Infolgedessen ist die Größe von persönlichen Vermögen sowie von Unternehmen zu begrenzen. Eine solche ökonomische Machtbegrenzung sichert nicht nur die Leistungsgerechtigkeit, sondern ist auch eine notwendige Bedingung für eine funktionierende Demokratie und letztlich für die wirtschaftliche Freiheit des Einzelnen.

Geld ist unverzichtbar in einer stabilen und transparenten Marktwirtschaft. Wir haben aufgezeigt, wie Geld zur formalen Leistungsgerechtigkeit in einer anonymen Gesellschaft beitragen kann, indem es die Fähigkeit des Menschen zur mentalen Buchhaltung (Reziprozität) optimal unterstützt. Als Kommunikationsmedium soll Geld den Prozess der Leistungserbringung begleiten und ihn nicht beeinflussen. Dazu muss Geld sicher, der Geldumlauf stabil und die Geldschöpfung transparent sein. Das heutige Geldsystem erfüllt diese Anforderungen nicht gut. Die Geldschöpfung durch private Geschäftsbanken verstärkt Konjunkturzyklen und erzeugt eine Schieflage zugunsten von Investitionen und Geldanlagen. Indem man Giralgeld ebenso wie Bargeld formell zu einem gesetzlichen Zahlungsmittel macht und seine Geldschöpfung in die öffentliche Hand legt, könnte Geld seine originäre Funktion besser erfüllen.

All diese Vorschläge betreffen in der einen oder anderen Weise die gesellschaftliche Institution des Eigentums. Eigentum soll sicherstellen, dass wer sät, auch ernten kann (Einheit von Aufwand und Ertrag). Eigentum stellt Verantwortung sicher und wirkt der Vernachlässigung entgegen. Diese Funktionen sind richtig und wichtig. Aber Eigentum kann kein Absolutum sein, weil es in erster Linie eine *soziale* Funktion erfüllen soll, nicht eine individuelle: Es soll Arbeitsteilung unter Unbekannten ermöglichen, nicht Akkumulation. Eigentum muss seine Grenze dort finden, wo es die Freiheit anderer einschränkt, also zu übermäßiger Machtakkumulation führt und unweigerlich ermöglicht zu ernten, ohne zu säen.

## 9.2 Grenzen setzen statt Folgen tragen

Heute wird eine Politik des relativen »Laisser-faire« betrieben, die den wirtschaftlichen Akteuren zunächst viele Freiheiten lässt, gefolgt von teuren Anreizen für Ressourcensparen und ökologische Nachhaltigkeit sowie teuren Maßnahmen der finanziellen Umverteilung und des sozialen Ausgleichs. Mit der Umsetzung unserer Vorschläge würde eine aktive und direkte Begrenzung von Ressourcenverbrauch und Ungleichheit vorgenommen, gefolgt von einem relativen »Laisser-faire« innerhalb dieser Grenzen – eine wahrhaft liberale Politikvision. Im Ergebnis könnte man tatsächlich zu einem sehr viel »schlankeren Staat« kommen, wie ihn Liberale immer wieder fordern, weil viele heute notwendig erscheinende Marktinterventionen überflüssig werden könnten. Ein weiterer Pluspunkt dieses Vorgehens wäre, dass Politik in weitaus geringerem Maße Ziel von Lobbyismus und Korruption wäre, wenn sie eher grundsätzliche Grenzen setzen als Wirtschaftspolitik im engeren Sinne betreiben würde.

Politisch spricht man gerne von »Marktversagen«, um Interventionen in den Markt zu rechtfertigen, wenn er nicht zur gewünschten Verteilung der Güter führt. Die neoklassische Theorie lehnt den Begriff des Marktversagens eigentlich ab oder möchte ihn auf Fälle beschränken, wo ein Markt (meist aufgrund eher technischer Umstände) gar nicht mehr zustande kommt. Unsere Analysen legen eine andere Definition von Marktversagen nahe: Ein Marktversagen liegt vor, wenn systematisch das Leistungsprinzip verletzt wird. Da das Leistungsprinzip nur systematisch verletzt werden kann, wenn die Wirtschaftsordnung falsch verfasst ist, ist ein Marktversagen immer ein Politikversagen. Ein richtig verfasster Markt kann eigentlich nicht versagen, genau wie es die neoklassische Utopie verspricht.

Liberale Politik bedeutet daher wenige, aber grundsätzliche Maßnahmen – eher auf der Ebene der Verfassung als auf der Ebene von Einzelgesetzen und Verordnungen. Der schlanke Staat hat wenig Fett, aber kräftige Muskeln. Das ist, was die Ökonomen der sogenannten Freiburger Schule vor 70 Jahren unter einer Wirtschaftsordnung verstanden. Wir beziehen uns auf ihre macht- und konzernkritische Denktradition, die vor allem durch ihren Vordenker Walter Eucken geprägt wurde. Diese Ökonomen begründeten die Notwendigkeit von Staatseingriffen mit dem Ziel einer »Wettbewerbsordnung«. Der Begriff sorgte für Missverständnisse in einer Gesellschaft, in der die meisten ohnehin schon meinten, es gebe zu viel Wettbewerb im ökonomischen und sozialen Alltag. Heute können wir dieses Ziel besser verstehen und konzeptuell präzisieren, indem wir zwei Wettbewerbsmechanismen differenzieren und die Bedeutung des dahinterstehenden Leistungsprinzips als *Gerechtigkeitsnorm* offenlegen. Eine gerechte Wirtschaftsordnung bedeutet somit die institutionell abgesicherte Geltung von fundamentalen Gerechtigkeitsnormen und nicht nur die Sicherstellung jener »spontanen Ordnung des Marktes«, welche der ultraliberale Ökonom Friedrich A. Hayek so begeistert als Ausdruck evolutionärer Weisheit pries.

Aus unserer Sicht zeigen unsere Analysen exemplarisch, wie die These vom Leistungsprinzip als sozialer Fundamentalnorm hilft, konsistente Politikmaßnahmen zu entwerfen, welche ökologische Nachhaltigkeit, ökonomische Stabilität und soziale Gerechtigkeit verbinden können und nicht gegeneinander ausspielen müssen. Sie folgen dem bereits von Henry George formulierten Grundsatz: Verpflichte und befähige die Leute, für die Leistungen von Natur und Gesellschaft zu bezahlen, und halte die Steuern auf verdiente Einkommen gering. Dadurch wird die »Reziprozität von privatem Nutzen und Kosten sowie staatlichen Einnahmen und Ausgaben hergestellt« (Dirk Löhr).

Die von uns vorgeschlagenen Politikmaßnahmen folgen einem neuen politischen Paradigma: »Grenzen setzen statt Folgen tragen«. Grenzen haben unter Liberalen keinen guten Ruf – sie stehen im Verdacht, das Gegenteil von Freiheit zu sein. Aber Grenzen können auch Freiheiten schaffen, nämlich neue und bessere Handlungsalternativen (Karl Homann). Mit unseren Vorschlägen würde Politik strukturell einfacher und billiger. Anschaulich gesprochen, vermeidet sie teure Aufräumaktionen, indem sie das Haus von vornherein in besserer Ordnung hält und es gar nicht erst »so weit kommen lässt«. Dies entspricht auch viel besser dem ökologischen Paradigma, wonach Rohstoffverbräuche und Umweltschäden, zu denen es gar nicht erst kommt, die beste Form von Nachhaltigkeitspolitik sind. In sozialer Hinsicht sieht es ähnlich aus. Anstatt mittels Subventionen und Sozialpolitik eine nachträgliche Umverteilung der Markteinkommen gegen vielfältige Widerstände durchzusetzen (Sekundärverteilung), würde man von vornherein die Gerechtigkeit der Markteinkommen verbessern (Primärverteilung). Steuern würden vor allem dazu dienen, leistungslose Einkommensanteile abzuschöpfen. Das Ergebnis wären Einkommen durch »ehrliche Arbeit« statt durch Ressourcenverbrauch und Marktmacht.

Wir gehen davon aus, dass jene, die arbeitsfähig sind, auch angemessen bezahlte Arbeit finden würden, wenn die hohe technologische Sockelarbeitslosigkeit reduziert würde. Die Zweige der gesetzlichen Sozialversicherung sind sinnvolle Einrichtungen, die voll kompatibel mit dem Leistungsprinzip sind. Wenn die Einnahmen aus den Ressourcenzertifikaten an alle Menschen verteilt würden, würde auch die absolute Armut reduziert. Weitere staatliche Sozialleistungen »ohne Gegenleistung« würden dauerhaft nur noch von jenen benötigt, die wirklich nicht leistungsfähig sind – und wären wegen des Sozialprinzips auch völlig angemessen.

## 9.3 Der Übergang

Unsere Vorschläge auf der Ebene der Wirtschaftsordnung sind strukturell einfach und versuchen, das ökonomische Problem zu lösen. Wir können nicht versprechen, dass sie ausreichend sind, um eine freiheitliche, gerechte und nachhaltige Wirtschaft herbeizuführen. Sie würden allerdings einige der offensichtlichen und größten Ungerechtigkeiten der heutigen Wirtschaftsordnung beseitigen. Daher sind sie als Gesamtpaket zu betrachten. Es ist nicht zielführend, sie als Einzelmaßnahmen zu diskutieren, oder anders gesagt: Die Umsetzung eines einzelnen Vorschlags unter ansonsten gleichbleibenden

nitive gesellschaftliche Fehlentwicklungen zu setzen und Extreme zu verhindern, ohne dabei konkret in den wirtschaftlichen Zuteilungsprozess einzugreifen.

## 9.4 Veränderungen voranbringen

Wir haben Wege aufgezeigt, gegen die sich übliche Ausflüchte wie »Umverteilung ist nicht leistungsgerecht« oder »unbesteuerte Unternehmensgewinne sind wichtig für die Schaffung neuer Arbeitsplätze« nicht vorbringen lassen. Im Gegenteil, unsere Vorschläge ließen sich sogar mit »Leistung soll sich wieder lohnen« zusammenfassen, einem alten liberalen Credo. Allerdings widersprechen wir auch zahlreichen anderen gängigen Vorstellungen: Der technische Fortschritt lasse sich nicht aufhalten oder umlenken, Reichtum könne verdient sein, Arm und Reich werde es immer geben, und Eigentum dürfe nicht infrage gestellt werden. Solche Kategorien des Denkbaren und Undenkbaren können wohl das ökonomische Handeln beeinflussen, aber nicht die objektiven Bedingungen des ökonomischen Prozesses verändern. Bezüglich solcher Überzeugungen sind durchaus noch dicke Bretter zu bohren, doch halten wir unsere Vorschläge für in sich konsistent. Deshalb sind wir vorsichtig optimistisch, dass das gesellschaftliche Dilemma damit aufgelöst werden kann.

Dass die Gesellschaft heute *nach ihrem eigenen Selbstverständnis* die Regeln der Marktwirtschaft und die Grundsätze sozialer Gerechtigkeit verletzt, haben wir dargelegt. Die entscheidenden Faktoren einer Transformation hin zu einer freiheitlichen, gerechten und nachhaltigen Gesellschaft lassen sich nur institutionell und damit politisch lösen. Vorrangig an die gesellschaftlichen Eliten ist nun die Frage zu richten, ob sie eigentlich eine gerechte Gesellschaft wollen oder nicht, denn letztlich sind sie diejenigen, die politisches Handeln bewirken oder verhindern können. Die historischen Erfahrungen mit Eliten sind sehr zwiespältig, denn sie haben soziale Fortschritte genauso oft verhindert wie eingeleitet. Viele politische Repräsentanten betonen immer wieder, wie ernst es ihnen mit substanziellen

Reformen sei. Daher möchten wir sie beim Wort nehmen und hoffen, dass wir ihnen mit unseren Argumenten den Rücken gegen funktionalistische Einwände stärken können, die behaupten, auf Konzerne, Globalisierung und die weitere Nutzung fossiler Rohstoffe könne unmöglich verzichtet werden.

Unsere Vorschläge sind zwar »systemkonform«, aber bei einer auch nur halbwegs ernsthaften Einführung derartiger Begrenzungen würde man wohl nicht mehr von Kapitalismus im alten Sinne sprechen können. Vielleicht wird sich der Kapitalismus nie in dieser Weise begrenzen lassen. Dann stellt sich aber auch die Frage, warum andere, weitaus utopischere, kompliziertere und willkürlichere Modelle höhere Erfolgschancen haben sollen. Wir bezweifeln, dass die Nichtreformierbarkeit eines Systems allein am System liegt. Vielleicht sind es ja auch die Menschen, die (derzeit) nicht reformierbar sind. Wir halten Marktwirtschaft für die realistischste aller unrealistischen Ideen. Aber vielleicht ist »der Mensch« ja nicht nur für den Sozialismus, sondern auch für die Marktwirtschaft zu schlecht.

# Epilog

Bei Ihnen, liebe Leserin, lieber Leser, könnten unser Fokus auf *politischer* Veränderung und unser Appell an die Eliten eine gewisse Hilflosigkeit auslösen. Kann man denn individuell gar nichts machen? Wir denken, dass jeder dazu beitragen kann, dass bestimmte Debatten in der Öffentlichkeit geführt werden. Aber dazu reicht es nicht, dieses Buch gelesen zu haben und zustimmend zu nicken. Es ist gut, wenn Sie privat auf den gröbsten ökologischen Unfug verzichten und einen Beitrag für mehr soziale Gerechtigkeit leisten. Aber »das Gewissen des Einzelnen kann das Versagen der Institution nicht kompensieren« (Hermann Krings). Wir benötigen zwingend bessere gesellschaftliche Institutionen. Das haben die letzten knapp 50 Jahre gezeigt, in denen wir uns trotz großer Anstrengungen weiter und weiter von ökologischer Nachhaltigkeit und sozialer Gerechtigkeit entfernt haben. Es braucht Zeit und Engagement, um bessere Regeln auf politischem Wege zu etablieren, und dafür sind Sie unverzichtbar. Sie müssen diesem Projekt Zeit widmen, wenn Sie nicht wollen, dass alles beim Alten bleibt. Diskutieren Sie mit Freunden und Unbekannten, überzeugen Sie mit unseren Thesen – oder entwickeln Sie bessere. Konfrontieren Sie die Eliten mit den dargestellten Vorschlägen, und zeigen Sie Auswege aus dem gesellschaftlichen Dilemma auf. Eine freiheitliche, gerechte und nachhaltige Gesellschaft ist ein Ziel, für das sich der Einsatz lohnt.

## Website

Besuchen Sie gerne unsere Website, auf der Sie kurze Zusammenfassungen unserer Vorschläge, Videos sowie weitere Informationen zu unserer Arbeit finden: **www.marktwirtschaft-reparieren.de**.

## Danksagung

Die Autoren möchten sich bei jenen bedanken, die das Manuskript in seiner ersten Version gelesen und freundlich-kritisch kommentiert haben:
Nils Aguilar, Nikolaus Becker, Andreas Bräuer,
Petra Fabri-Richters, Christoph Freydorf, Daniel Fuhrhop,
Nina Gmeiner, Harald Klimenta, Leon Leuser, Anne Löscher,
Miriam Neumann, Stefanie Richters, Walter Richters,
Marius Rommel, Benedikt Weihmayr und Ferdinand Wenzlaff.

# Bibliografische Informationen und Quellen

## *Literatur für Kapitel 1*

Für die historische Entwicklung und die Bedeutung von Wirtschaftswachstum in den OECD-Ländern siehe Schmelzer (2016). Einschätzungen zum StabG liefern Hickel, Priewe und Stratmann-Mertens (1991) sowie Schmidt (1993). Zur Lissabon-Strategie siehe Europäischer Rat (2000). Die Folgestrategie »Europa 2020« hat an deren Grundausrichtung wenig geändert (Rat der Europäischen Union 2015). In einem Sammelband gibt Wolfgang Streeck eine exzellente Darstellung des bundesrepublikanischen Korporatismus in der sozialen Marktwirtschaft (»Deutschland AG«) und seines Niedergangs zum Ende des 20. Jahrhunderts (Streeck 2006).

Die These des neuen geologischen Zeitalters »Anthropozän« geht auf Crutzen (2004), Steffen u. a. (2011) zurück. Vor allem durch die zwei Veröffentlichungen von Rockström u. a. (2009) sowie Steffen u. a. (2015) wurde das Konzept der »planetarischen Grenzen« bekannt gemacht. Es basiert auf der Zusammenarbeit Dutzender wissenschaftlicher Arbeitsgruppen weltweit. Sie weisen nach, dass einige ökologische planetarische Grenzen bereits heute überschritten und die meisten anderen in kritischem Zustand sind. Im Einzelnen befassen sich beispielsweise Rohde und Muller (2005), Dirzo u. a. (2014) sowie der WWF (2016) mit dem Biodiversitätsverlust, Barnes u. a. (2009) mit der Plastikbelastung der Meere sowie Montgomery (2010) mit sinkender Bodenfruchtbarkeit.

Zu den nicht sinkenden Rohstoffimporten und -verbräuchen moderner Industriestaaten gibt es unzählige gute Quellen. Wir nennen hier einige nur beispielhaft. Stark aggregierte Zahlen für Deutschland nennen der »Bericht zur Rohstoffsituation in Deutschland« (BGR 2017) sowie die Energiedaten-Gesamtausgabe (BMWi 2018). Die Zahlen zur Plastikverwertung in Deutschland sind von Consultic (2016). Zum Recycling von Metallen war insbesondere Thomas E. Graedel aus Yale an wichtigen Arbeiten beteiligt, die nicht sehr optimistisch stimmen (Reck und Graedel 2012; Graedel u. a. 2011; Chen und Graedel 2012).

Herman E. Daly gilt als einer der Altmeister der Wachstumskritik. Er hat seit dem Beginn der 1970er-Jahre zahlreiche Arbeiten zum Thema einer »stationären Wirtschaft« *(steady-state economy)* veröffentlicht (Daly 1973; Daly 1980; Daly und Townsend 1993). Mit seiner dezidiert marktfreundlichen Wachstumskritik ist er einer unserer Inspiratoren. Die These vom unökonomischen Wachstum wird ausgeführt in Daly und Farley (2011, S. 19–23). Ein weiterer wachstumskritischer Klassiker ist »Die Grenzen des Wachstums« (Meadows u. a. 1972). Die beiden Optionen des Wachstumsdilemmas stellte Jackson (2009) einander gegenüber. Der Diskurs ist bis heute vielfältig und unübersichtlich (Steurer 2002; Richters und Siemoneit 2017a; 2017b), in Deutschland wird er unter Begriffen wie Postwachstumsökonomie (Paech 2012), Postwachstumsgesellschaft (Seidl und Zahrnt 2010), Degrowth oder Wachstumswende geführt. Relevante Webseiten sind das Degrowth-Portal (www.degrowth.info) oder das Netzwerk Wachstumswende (www.wachstumswende.de).

Die Sachbuchliteratur zu den Vorzügen, Schwächen und Krisen des Kapitalismus ist schier unübersehbar. Ausführlich und verständlich ist beispielsweise »Der Sieg des Kapitals« von Ulrike Herrmann (2013).

## *Literatur für Kapitel 2*

Die These, dass Marktwirtschaft und repräsentative Demokratie keine zufällige Entwicklung, sondern eher »das Ende der Geschichte« darstellen, wurde bereits von Francis Fukuyama pointiert vorgetragen (1992). In seinem einflussreichen Werk »The Great Transformation« prägte der ungarisch-österreichische Wirtschaftssoziologe Karl Polanyi 1957 den Begriff der »Entbettung« (Polanyi 1977). Mit Polanyi (und gegen Fukuyama) sind viele bis heute der Ansicht, dass der Kapitalismus ein planvoll vorangetriebenes Projekt einer reichen Minderheit sei und dass ohne die machtverzerrte Entwicklung die Welt eine ganz andere sein könnte (z. B. Scheidler 2015). Ohne hier detaillierter darauf eingehen zu können, möchten wir doch darauf hinweisen, dass der Standpunkt der zwangsläufigen Entwicklung und sein Gegenpol, die sogenannte Kontingenzperspektive der Kultur (z. B. Reckwitz 2004), zu den ganz großen sozialwissenschaftlichen Kontroversen gehören: Folgen sowohl das menschliche Handeln als auch die gesellschaftliche Entwicklung bestimmten »Gesetzen« (Zwangsläufigkeiten, Notwendigkeiten, Regelmäßigkeiten, Wahrscheinlichkeiten ...), oder ist das Heute immer ein zufälliges (kontingentes) Ergebnis des Gestern und Vorgestern, bestimmt von spezifischen sozialen Praktiken, historischen Umständen und hegemonialen Deutungen (»Kultur«)?

Eine explizite Unterscheidung zwischen Marktwirtschaft und Kapitalismus treffen beispielsweise Braudel (1997) oder der Ordoliberale Rüstow (2001, S. 119–126). Herrmann (2013, Kap. 6) argumentiert, echte Märkte gebe es nur in Nischen. Stattdessen dominiere der Kapitalismus die Wirtschaft mit Monopolisierungstendenzen, ökonomischer Macht der Konzerne und garantierten Einkommen, beispielsweise als Subventionen in der Landwirtschaft.

Die Vor- und Nachteile von Marktwirtschaft vs. Planwirtschaft werden von Walter Eucken in seinen Londoner Vorlesungen schön beschrieben (Eucken 2012). Ronald Coase gilt als der Klassiker zu Transaktionskosten und zur »optimalen Größe« von Unternehmen (Coase 1937). »Climate Crimes – Umweltverbrechen im Namen des Klimaschutzes« ist der Name eines Dokumentarfilms von Ulrich Eichelmann, der Naturzerstörungen für die Erzeugung sogenannter erneuerbarer Energien in allen Teilen der Welt dokumentiert. Die Daten des US-amerikanischen *Supplemental Nutrition Assistance Program* stammen von https://www.fns.usda.gov/pd/supplemental-nutrition-assistance-program-snap. Zur Umfrage über Marktwirtschaft und Planwirtschaft siehe Allensbacher Archiv, IfD-Umfrage 11017 (November 2013), sowie den Artikel »Stille Liebe zur Planwirtschaft« von Thomas Petersen (FAZ vom 27. November 2013, S. 8). Die Gerechtigkeitsfrage wurde in der IfD-Umfrage 11001 (Allensbacher Archiv) dokumentiert. Die internationalen Zahlen des *Pew Research Center* basieren auf dem *Spring 2014 Global Attitudes Survey* (*Pew Research Center* 2014). Den Begriff des »fordistischen Gesellschaftsvertrages« haben wir Gerhard Scherhorns Beitrag in Weizsäcker (1997, S. 160–176) entnommen.

## *Literatur für Kapitel 3*

Wie aus Kleingruppen die anonyme Gesellschaft wurde und über die (ökonomische) Relevanz des Übergangs für die ganze Moderne gibt es zahlreiche populärwissenschaftliche Darstellungen, beispielsweise »Eine kurze Geschichte der Menschheit« (Harari 2013) oder »The Righteous Mind« (Haidt 2013). Einen sehr guten Überblick über klassische Texte und moderne Studien zur Soziologie der Reziprozität bietet der Sammelband von Adloff und Mau (2005). In jüngerer Zeit hat sich das Interesse an Reziprozität ein wenig belebt, beispielsweise im Rahmen der Spieltheorie (Stichwort Gefangenendilemma) oder bei Untersuchungen kooperativen Verhaltens (z.B. Fehr und Gächter 2000). Der Begriff der generalisierten Reziprozität wurde von Sahlins (1965) in die Diskussion eingeführt. Er ist besonders wichtig, weil nur so »altruistische« Handlungen in einen plausiblen Zusammenhang mit dem Konzept des individuellen Nutzenmaximierers gebracht werden können, was dann eine Fülle von analytischen Möglichkeiten eröffnet, von denen wir hier nur einige angerissen haben. So beruhen praktisch sämtliche Versicherungen, darunter auch die Institutionen der Sozialversicherung, auf generalisierter Reziprozität. Voland (2013) beschreibt in seinem Lehrbuch »Soziobiologie« in Abschnitt 2.2.2 die natürlichen Grundlagen von Reziprozität und ihre mentalen Voraussetzungen, die wohl erst ab den höheren Primaten gegeben sind. Dazu gehören unter anderem die Fähigkeiten, Individuen wiedererkennen zu können sowie Kosten und Nutzen *langfristig* über wiederholte Transaktionen hinweg zu bilanzieren (affektive Selbstkontrolle), was relativ hohe Anforderungen an die Gedächtnisleistung stellt (Stevens, Cushman und Hauser 2005). Dass diese Fähigkeit des Menschen zur mentalen Buchhaltung nicht notwendig bedeutet, dass sie stets auch »korrekt« angewendet wird, ist evident und in gewisser Weise Thema dieses Buches.

Das Leistungsprinzip ist ein *kraftvoller Begriff* der gesellschaftlichen Debatte, dessen Begriffsgeschichte erst jüngst von Nina Verheyen (2018) vorgestellt wurde. Seine soziale Bedeutung ist immer wieder breit diskutiert worden. In Deutschland lassen sich ungefähr von 1960 bis 1980 drei überlappende Diskurse zu Begriffen wie Leistungsprinzip und Leistungsgesellschaft unterscheiden. Die zitierten Arbeiten sind beispielhaft zu verstehen:

- eine tarifpolitische Auseinandersetzung zwischen Arbeitgebern und Gewerkschaften, die bis heute unter dem Stichwort »leistungsgerechte Entlohnung« anhält (Pornschlegel, Birkwald und Wiesner 1967; Verband für Arbeitsstudien REFA 1974; Breisig 2003),
- eine teilweise ideologisch gefärbte Kritik an »Arbeitsgesellschaft« und »Leistungskultur« sowie die (konservative) Antwort darauf (Offe 1970; 1984; Heckhausen, Graf von Krockow und Schlaffke 1974; Müller 1974; Jenkis 1980)
- und schließlich die nüchternere sozialwissenschaftliche Bearbeitung des Themas (Dreitzel 1962; Braun 1977; Hartfiel 1977; Bolte 1979).

Die Debatte lebte ab etwa 2000 wieder auf und hatte im Gefolge der Bankenkrise 2008 einen erneuten Höhepunkt, als überzogene Gehälter und Boni für Führungskräfte sowie die zunehmende Flexibilisierung der Arbeitswelt im Fokus der Kritik standen. Während in den 1970er-Jahren das Leistungsprinzip kritisiert wurde, wurde es nun verstärkt eingefordert (Neckel 2001; Dröge, Marrs und Menz 2008).

In Großbritannien und den USA war die Debatte schmaler, aber in gewisser Weise konzentrierter. Ein wichtiger Wegbereiter war der sogenannte *Northcote-Trevelyan Report* im adelig geprägten viktorianischen England des Jahres 1854. Seine damals geradezu herrschaftskritische Empfehlung war, sowohl die Beförderungen als auch die Bewerbungen beim britischen *Civil Service* ausschließlich nach Leistung zu organisieren. Ein weiterer »Fixpunkt« der britischen Debatte war das Erscheinen der politischen Satire »The Rise of the Meritocracy« von Michael Young (1958), in welcher er den Begriff »Meritokratie« prägte als Ideal einer in seinen Augen dystopischen Gesellschaft, in der die Leistungsfähigen herrschen sollen. Anlässlich des 50-jährigen Erscheinens des Buches veranstaltete das *Institute of Community Studies* (heute *The Young Foundation*) 2004 ein Symposium unter dem Titel »The Rise and Rise of Meritocracy«, und der aus diesem Anlass erschienene Sammelband (Dench 2006) bietet einen guten Querschnitt durch die aktuelle Debatte in Großbritannien und den USA. Insbesondere Marris (2006) und Saunders (2006) brechen hier eine Lanze für das Leistungsprinzip und das Gerechtigkeitspotenzial von Marktwirtschaft.

Ein weiterer wichtiger Fürsprecher des Leistungsprinzips ist der britische Philosoph David Leslie Miller, der das Leistungsprinzip *neben* die beiden anderen (Verteilungs-)Prinzipien Gleichheit und Bedarf stellt und diesen Prinzipien verschiedene Geltungsbereiche zuweist, von denen allerdings der marktliche Austausch und damit das Leistungsprinzip vergleichsweise dominant ist (Miller 1999). Miller kritisiert deutlich die »Empirievergessenheit« verschiedener Gerechtigkeitstheoretiker (u. a. John Rawls), entsprechend nimmt die empirische Untermauerung der breiten Zustimmungsfähigkeit des Leistungsprinzips bei ihm viel Raum ein. Weitere empirische Belege finden sich beispielsweise bei Saunders (2006) sowie Neckel, Dröge und Somm (2008). Neckel, Dröge und Somm (2008, S. 45) verdanken wir auch die Anregung, den *Ausschluss* von *Nicht*leistungen als praktikable Operationalisierung des Leistungsprinzips zu betrachten.

Letztlich ist Leistungsgerechtigkeit aus unserer Sicht die spezielle Formulierung einer allgemeineren Auffassung von Gerechtigkeit, nämlich jener von Aristoteles, der das *Verdienst* in den Mittelpunkt seiner Gerechtigkeitstheorie stellte (Sandel 2013, Kap. 8).

## *Literatur für Kapitel 4*

Die verschiedenen Begriffe und Konzepte von Marktwirtschaft, Gütertausch usw. werden grundsätzlich in ökonomischen Standardlehrbüchern aufgeführt. Ökonominnen und Ökonomen erzählen wir insofern nichts Neues. Allerdings findet man in diesen Lehrbüchern wenig zu Reziprozität, Äquivalenz und Leistungsprinzip. Dazu muss man eher soziologische Literatur heranziehen. Eine ästhetische wie inhaltsreiche Übersicht der verschiedenen ökonomischen Schulen und ihrer grundlegenden Begriffe wie Knappheit oder Wert wird auf der Webseite www.exploring-economics.org des Netzwerks Plurale Ökonomik dargeboten. Das Modell des ökonomischen Kreislaufs wird seit Längerem von ökologischen Ökonomen kritisiert, weil es den Material- und Energieverbrauch völlig vernachlässigt. Das Lehrbuch von Daly und Farley (2011) diskutiert dieses Thema in Kap. 2, und in Kap. 9 findet sich eine detaillierte und kritische Auseinandersetzung mit neoklassischen Konzepten wie Produktionsfaktoren, Produktionsfunktionen und Substituierbarkeit.

Zur Bienenfabel von Bernard de Mandeville findet man viele erhellende Aspekte bei Sedláček (2013). Graeber (2011) verdankt man tiefe Einsichten zur Entstehung von Kredit und Geld und vor allem die Widerlegung des Narrativs vom ach so unpraktischen Tauschhandel als Motiv der »Gelderfindung«. Joseph Hubers Buch »Monetäre Modernisierung« (2016) ist eine unserer wesentlichen Inspirationen zur Darstellung von Geld, »wie es sein soll«. Camera, Casari und Bigoni (2013) haben im Experiment nachvollzogen, wie Geld Vertrauen und Kooperation zwischen Fremden herstellt. Viele interessante Aspekte zu Konkurrenz und Wettbewerb finden sich im Sammelband von Thomas Kirchhoff (2015). Dass Menschen mit hohen Gewinnen kein Problem haben, läuft sowohl in der ökonomischen Theorie als auch in der Soziobiologie unter dem Stichwort »Nutzenmaximierung« (Trivers 2011; Kirchgässner 2013; Voland 2013). Zur Begrifflichkeit und zu den Auswirkungen von Innovationswettbewerb siehe Schumpeter (1980) und Pianta (2005). Moralische Aspekte von Märkten und vor allem auch von Nichtmärkten diskutiert der bekannte Gerechtigkeitsphilosoph Michael Sandel in seinen Büchern (Sandel 2013; 2015). Zur destruktiven Dynamik von Ungleichheit siehe die klassische Studie von Wilkinson und Pickett (2009), die allerdings immer noch hochumstritten ist, was ihre Schlussfolgerungen im Einzelnen angeht.

Karl Homann ist ein liberaler Wirtschaftsethiker, der aus unserer Sicht eine moderne und zukunftsweisende Interpretation der ordoliberalen Idee einer Rahmenordnung vornimmt (auch wenn er ein eiserner Wachstumsbefürworter ist). Aus seiner Sicht können moralische »Werte« weder moderne Handlungsrestriktionen noch -möglichkeiten würdigen. Er möchte den Schwerpunkt einer (wirtschafts-)ethischen Diskussion von den individuellen Handlungen auf die gesellschaftliche Rahmenordnung legen, als »freiheitsförderliche Grenzen« bis hoch auf die Ebene der Verfassung (beispielsweise Homann und Blome-Drees 1992; Homann 2002). Als sein Gegenpol kann der Wirtschaftsethiker Peter Ulrich gelten, welcher Ethik und »ökonomische Sachlogik« einander *gegenüberstellt* und sehr viel stärker die individuelle Verantwortung im Wirtschaftsprozess herausarbeitet (Ulrich 2016). Letztlich haben natürlich beide recht, nur weist Homann den besseren Weg zu einer Operationalisierung.

## *Literatur für Kapitel 5*

Zur Kritik an der üblichen Darstellung der Geldschöpfung und der Bedeutung von Kreditgeldschöpfung siehe McLeay, Radia und Thomas (2014) sowie Jakab und Kumhof (2015). Auch in diesem Kapitel war Huber (2016) für uns eine wichtige Quelle zu den Begrifflichkeiten und kontroversen Standpunkten in der Debatte um Kreditgeld und Vollgeld. Vollgeld unter wachstumsförderlichen Aspekten wird diskutiert von Beneš und Kumhof (2012). Zur Gefahr von Kreditzyklen siehe beispielsweise Minsky (1986). Von Minsky stammt auch die Unterscheidung der beiden Sphären *(two masters)* Geldversorgung und Kreditangebot mit ihren unterschiedlichen Ansprüchen an das Geldsystem (Kregel 2012). Die erhöhte Stabilität durch die Einschränkung der Geldschöpfung von Banken haben Chiarella

u. a. (2012) nachgewiesen. Kritisch zu Vollgeld stehen beispielsweise Sauber und Weihmayr (2014) sowie Fontana und Sawyer (2016), insbesondere zur starren Geldmengenregel und zu den höheren Zinsen. Rochon und Rossi (2013) vertreten die These, dass die Geldschöpfung niemals durch eine äußere Instanz kontrolliert worden sei (und auch nicht kontrolliert werden könne). Zur heutigen Nutzung von Bargeld siehe die Rede von Thiele (2017). Zu den Gefahren eines Bargeldverbots siehe Häring (2016). Schneider (2017) widerlegt die oftmals geäußerte These, dass ein Bargeldverbot zur Bekämpfung von Schattenwirtschaft nötig sei.

### *Literatur für Kapitel 6*

Im vorliegenden Buch gehen wir auf viele behauptete Wachstumszwänge nur indirekt ein, indem wir einerseits aufzeigen, welche Rolle Eigentum, Wettbewerb oder Gewinnerwartungen tatsächlich spielen, und andererseits »Innovationswettbewerb« als den entscheidenden Wachstumszwang offenlegen. Die eigentliche Grundlage unserer Überlegungen findet sich in einer von uns erstellten umfangreichen Übersicht (Review) zu angenommenen Wachstumszwängen, in denen wir auch Thesen als unplausibel zurückweisen:

- In Richters und Siemoneit (2017a; 2018) haben wir herausgearbeitet, was eigentlich sozialen Zwang und dementsprechend Wachstumszwang ausmacht. Wir haben uns kritisch mit soziokulturellen (nicht ökonomischen) Sachverhalten auseinandergesetzt, die als Wachstumszwang infrage kommen, aber auch die These von Angeboten entwickelt, die man nicht ablehnen kann. Mehr haben zu wollen ist für Menschen eine sinnvolle und Erfolg versprechende Strategie, weshalb man eine freiwillige individuelle »Wachstumsrücknahme« kaum erwarten kann.
- Die Herleitung des technologischen Wachstumszwangs findet sich in Richters und Siemoneit (2017b; 2018). Sie bezieht sich insbesondere auf die von Schumpeter (1980) beschriebene Innovationsspirale sowie die Analysen zur Rolle von Energie als Produk-

tionsfaktor von Ayres, Ayres und Warr (2003), Ayres und Warr (2005; 2009), Kümmel (2011) sowie Kümmel und Lindenberger (2014). Zur Bedeutung hoher Löhne und der verhältnismäßig günstigeren Kombination von Maschinen und Energie für die Entstehung der Industrialisierung siehe Herrmann (2013). Zudem gehen wir auf die Schieflage der Einkommensverteilung zugunsten jener ein, die Maschinen besitzen, entwickeln oder bedienen. Das wird in der Literatur unter den Stichwörtern *capital-skill complementarity* und *skill premium* diskutiert (Berman, Bound und Machin 1998; Krusell u. a. 2000; Jaumotte, Lall und Papageorgiou 2013). In diesen Artikeln untersuchen wir auch weitere verdächtige Elemente der Marktwirtschaft wie Eigentum an sich, Wettbewerb oder Gewinnerwartungen. Wir zeigen zudem die ökonomischen Gründe auf, warum Wachstum auch für Unternehmen ein Angebot ist, welches sie kaum ablehnen können.

- Behauptete Wachstumszwänge im Geldsystem wurden von uns in Richters und Siemoneit (2017c) untersucht. Solche Argumentationen verfolgen vor allem zwei Linien: Sparen, Zins und Zinseszins würden einen monetären Wachstumszwang erzeugen, oder die Geschäftsbanken würden über Gewinnrücklagen dem Kreislauf einen Teil des selbstgeschöpften Kreditgeldes entziehen und so ein »Geldleck« erzeugen, welches nicht gestopft, sondern nur durch mehr Kreditgeld ausgeglichen werden könne, das aber wiederum nur für produktive Investitionen (= Wachstum) neu geschöpft würde. Die zweite Argumentationslinie ist vor allem mit den Namen der Ökonomen Hans Christoph Binswanger (2009) und seinem Sohn Mathias Binswanger (2009) verbunden. Beide Argumentationslinien vernachlässigen wichtige Aspekte. Dieser Artikel ist sehr technisch, es geht um numerische Modellierungsansätze mit vielen Formeln.

Die These des Effizienzkonsums wurde in Siemoneit (2017) formuliert. Sie bezieht sich phänomenologisch u. a. auf den »Akzelerationszirkel« von Rosa (2005). Die Idee, den Ressourcenverbrauch institutionell zu begrenzen, geht letztlich auf Daly (1973) zurück. Damals wurde das Instrument *Cap & Trade* intensiv diskutiert. In Daly und Farley (2011) werden die Vor- und Nachteile von Mengen- und Preissteuerung erörtert. Zum Versagen von Effizienzbemühungen für die Reduktion des Rohstoffverbrauchs (Reboundeffekte) siehe beispielsweise Santarius (2015). Zu Marktversagen und seiner Behebung durch *designed markets* ein schöner Beitrag von Cañón, Friebel und Seabright (2013), dem wir auch die detaillierte Beschreibung des EU-ETS entnommen haben, sowie die ironische Bemerkung zur Reproduktion der Externalitäten. Zum Schutz der Gemeingüter mittels Wettbewerbsrecht siehe Hoffmann u. a. (2015) sowie www.nehmenundgeben.de. Das schweizerische Gesetz gegen unlauteren Wettbewerb findet man unter http://admin.ch/ch/d/sr/241/index.html. Der Vorschlag von *Cap & Dividend* geht auf Barnes (2000) zurück, siehe auch Kunkel und Kammen (2011) sowie Segal (2011). Die Zahlen zu fossilen Subventionen sind nach Coady u. a. (2017) zitiert.

## *Literatur für Kapitel 7*

Zur Verteilungsdiskussion siehe Piketty (2014). Die Bedeutung von Bodenwerten für Hauspreise und Wohnkosten diskutieren Knoll, Schularick und Steger (2017) und die dominierende Rolle von Hypotheken bei der Kreditvergabe sowie von Immobilienpreisen für Bankenkrisen Jordà, Schularick und Taylor (2016) sowie Brunnermeier, Rother und Schnabel (2017).

Zum Verschwinden des Bodens aus der volkswirtschaftlichen Theorie siehe Gaffney und Harrison (1994) sowie Blaug (2000). Die Vorschläge zur Bodensteuer gehen auf George (2009 [1881]) zurück und wurden beispielsweise von Arnott und Stiglitz (1979) ausgearbeitet. Gaffney (2009) zeigte, dass die Bodenwertsteuer »mehr als genug« Einnahmen bringen würde. Die Geschichte aus der Sowjetunion und das Zitat von Mason Gaffney stammen aus Löhr und Harrison (2017, S. 33–38), das Zitat von Stiglitz ist dort auf S. 13 zu finden. Zur Bodenreform in allen vier Besatzungszonen siehe Röper (2005), zum Erbbaurecht Oefele und Winkler (2008). Informationen zur Deutschen Nachhaltigkeitsstrategie unter www.deutschenachhaltigkeitsstrategie.de. Die Freiburger Thesen der FDP wurden herausgegeben von der Friedrich-Naumann-Stiftung (1971), das Zitat findet sich auf Seite 28.

Aktuell wird eine Debatte über Landpreise und die Bodenwertsteuer geführt, international (Stiglitz 2015; Ryan-Collins, Lloyd und Macfarlane 2017) sowie in Deutschland im Rahmen der Reform der anstehenden Grundsteuer, siehe www.grundsteuerreform.net sowie Löhr (2008), Löhr und Harrison (2013) und Henger und Schaefer (2015). Für die Anmerkungen der OECD siehe OECD (2014). Einen Überblick über Grundsteuern in der EU bieten Claus, Nehls und Scheffler (2016), eine weltweite Übersicht Andelson (2000). Generelle Aussagen zu Landbesteuerung finden sich auch im großen *Mirrlees Tax Report* der britischen Regierung (Mirrlees und Adam 2011, Kap. 16). Zu den politischen Schwierigkeiten einer Umsetzung beispielsweise Norregaard (2013). Chi-Man Hui, Sze-Mun Ho und Kim-Hin Ho (2004) diskutieren die Staatseinnahmen von Hongkong und Singapur. Zum Konzept der *land value capture* siehe Batt (2001), Smith und Gihring (2006) sowie Medda (2012). Für eine kurze Geschichte der Grundsteuer in Dänemark siehe Kristensen (1945). Das Zitat von den Vorzügen und Folgen einer Reform stammt aus *The Economist* (2014). Kritisch sehen Chaney, Sraer und Thesmar (2012), dass sinkende Immobilienpreise für mangelnde Kreditsicherheiten und sinkendes Investitionspotenzial sorgen.

### *Literatur für Kapitel 8*

Die Studie der ETH zu Unternehmensnetzwerken ist von Vitali, Glattfelder und Battiston (2011). Die methodologische Grundsatzdiskussion, dass Macht in den Wirtschaftswissenschaften weitgehend ignoriert würde, zieht sich durch das Lebenswerk des österreichischen Ökonomen Kurt W. Rothschild (2002). Die bessere Organisationsfähigkeit von entschlossenen Minderheiten und das daraus resultierende Machtgefälle beschreibt klassisch Popitz (1992). Popitz zeichnet sich als Soziologe durch ein eminent ökonomisches Denken und eine klare, einfache Sprache literarischer Qualität aus.

Die Asymmetrie der Organisierbarkeit von Interessen wird auch von Gerken, Märkt und Schick (2000, S. 45–49) behandelt, vor allem in Hinblick auf den Steuerwettbewerb der Staaten untereinander. Ebenfalls bereits ein Klassiker ist Acemoglu und Robinson (2015). Das Buch ist zwar eine große Ode an das Wirtschaftswachstum, aber das schmälert seinen theoretischen und empirischen Gehalt in keiner Weise. Die Autoren behandeln vor allem zwei Themen: die Zusammenhänge von Wohlstand und gerechten staatlichen Institutionen sowie die zwiespältige Rolle von Eliten.

Die Rolle von (ökonomischen) Eliten, ihr Umgang mit und ihr Einfluss auf demokratische Institutionen ist schon länger ein Thema in der Soziologie. Ihrem meritokratischen Ideal als »Leistungselite« wird sie nur teilweise gerecht, denn in der Regel ist der Zugang zu Spitzenausbildungen und Spitzenpositionen sozial und monetär gesiebt (Hartmann 2002; 2008).

Der Sammelband von Hradil und Imbusch (2003) hält mehrere interessante Beiträge zum Thema Vernetzung und Einfluss bereit: Erwin Scheuch schildert die unternehmerischen und personellen Multiverflechtungen innerhalb der Unternehmen (vor allem der Banken) sowie ihre Abhängigkeit vom Staat, über dessen öffentliche Kassen mittlerweile ein großer Teil des deutschen Sozialproduktes geleitet wird (S. 147–174), und Max Haller beschreibt die europäische Einigung als Elitenprozess, bei der Industrielle von Beginn an in enger Zusammenarbeit mit der Europäischen Kommission die Ziele der europäischen Einigung in kleinen Zirkeln verhandelten und Volksabstimmungen eher als lästig und gefährlich empfunden wurden (S. 337–368).

Eucken (1952) stellt praktisch das ordoliberale Programm der Freiburger Schule dar. Eine knappere und sehr anschauliche Darstellung findet sich in Euckens »Londoner Vorlesungen«, die er 1950 kurz vor seinem frühen Tod an der *London School of Economics* gehalten hat (Eucken 2012). Diesem Buch haben wir auch die »wirtschaftlichen Großexperimente« entnommen. Jüngere Vertreter der machtkritischen Perspektive des Ordoliberalismus sind Walter Oswalt (2017) oder Carsten Herrmann-Pillath (2018).

Der Begriff *too big to jail* wurde in einem Bericht an den US-Kongress geprägt (Garrett 2016). Die Veröffentlichung zur numerischen Simulation von *wealth condensation* ist von Bouchaud und Mézard (2000). Thomas Piketty (2014) veröffentlichte die große historische Studie »Kapital im 21. Jahrhundert« zur Konzentration von Vermögen. Über 50 % des Vermögens in USA, Großbritannien, Frankreich oder Deutschland sind inzwischen geerbt (Piketty und Zucman 2015).

Zu den vielfältigen steuerlichen Begünstigungen und Subventionen umweltschädlicher Aktivitäten hält das »Forum Ökologisch-Soziale Marktwirtschaft« (FÖS) eine große Zahl an Studien und Belegen vor allem für Deutschland, aber auch die europäische Ebene bereit (www.foes.de). Zur Rolle des Staates für grundlegende Investitionen siehe Mazzucato (2014).

Zur Bedeutung des sozialen Status für Einkommen und andere materielle Vorteile siehe unsere Ausführungen und Verweise auf viele wissenschaftliche Arbeiten in Richters und Siemoneit (2017a). Simon (1996) ist eine reiche Quelle für die Vorteile von Wachstumsstrategien und vor allem Marktführerschaft von Unternehmen. Die Gedanken der *New Political Economy* zur Einschätzung von Politikern (und anderen Menschen) als Nutzenmaximierer findet man in Kirchgässner (2013). Dass Geld und Budgets Nachfrager (Konsumenten) in Richtung Rationalität drängen, war eine frühe Einsicht von Becker (1962). Der Soziobiologe Robert Trivers (2011) legte mit *Deceit and Self-Deception* eine Analyse zum evolutionären Erfolg von Selbstbetrug vor und behandelt dort auch den Empathieverlust durch Macht. Zu den Antitrustgesetzen in den USA siehe Schick (2014, S. 230–237). Zu den negativen Auswirkungen sozialer Ungleichheit auch für Reiche siehe Wilkinson und Pickett (2009).

### *Literatur für Kapitel 9*

Für die Ideen des Ordoliberalismus verweisen wir nochmals auf Eucken (1952; 2012). Zur Umdeutung der Begrifflichkeiten des Ordoliberalismus für die Legitimation einer korporatistischen »sozialen Marktwirtschaft« durch Ludwig Erhard, Alfred Müller-Armack und Konrad Adenauer siehe das ausführliche Nachwort von Walter Oswalt in Eucken (2012). Das Zitat zu Reziprozität von Nutzen und Kosten ist aus dem Klappentext von Löhr (2013).

**Chen, Wei-Qiang; Graedel, Thomas E.** (2012): Anthropogenic Cycles of the Elements: A Critical Review. In: *Environmental Science & Technology* 46, Nr. 16 (August): S. 8574–8586. https://doi.org/10.1021/es3010333.

**Chiarella, Carl; Flaschel, Peter; Hartmann, Florian; Proaño, Christian R.** (2012): Stock Market Booms, Endogenous Credit Creation and the Implications of Broad and Narrow Banking for Macroeconomic Stability. In: *Journal of Economic Behavior & Organization* 83, Nr. 3 (August): S. 410–423. https://doi.org/10.1016/j.jebo.2012.03.004.

**Chi-Man Hui, Eddie; Sze-Mun Ho, Vivian; Kim-Hin Ho, David** (2004): Land Value Capture Mechanisms in Hong Kong and Singapore: A Comparative Analysis. In: *Journal of Property Investment & Finance* 22, Nr. 1 (Februar): S. 76–100. https://doi.org/10.1108/14635780410525153.

**Claus, Katrin; Nehls, Daniela; Scheffler, Wolfram** (2016): *Grundsteuern in der Europäischen Union*. ifst-Schrift 509. Berlin: Institut Finanzen und Steuern e. V. https://www.ifst.de/wp-content/uploads/2013/01/509.pdf.

**Coady, David; Parry, Ian; Sears, Louis; Shang, Baoping** (2017): How Large Are Global Fossil Fuel Subsidies? *World Development* 91 (März): S. 11–27. https://doi.org/10.1016/j.worlddev.2016.10.004.

**Coase, Ronald H.** (1937): The Nature of the Firm. *Economica* 4, Nr. 16 (November): S. 386–405. https://doi.org/10.1111/j.1468-0335.1937.tb00002.x.

**Consultic** (2016): Produktion, Verarbeitung und Verwertung von Kunststoffen in Deutschland 2015 – Kurzfassung. http://www.bkv-gmbh.de/fileadmin/documents/Studien/Consultic_2015__23.09.2016__Kurzfassung.pdf.

**Crutzen, Paul J.** (2004): New Directions: The Growing Urban Heat and Pollution »Island« Effect – Impact on Chemistry and Climate. In: *Atmospheric Environment* 38, Nr. 21 (Juli): S. 3539–3540. https://doi.org/10.1016/j.atmosenv.2004.03.032.

**Daly, Herman E.; Farley, Joshua C.** (2011): *Ecological Economics: Principles and Applications*. Washington, D.C.: Island Press.

**Daly, Herman E.; Townsend, Kenneth N.** (Hrsg.) (1993): *Valuing the Earth: Economics, Ecology, Ethics*. Cambridge, Mass: MIT Press.

**Daly, Herman E.** (Hrsg.) (1973): *Toward a Steady-State Economy*. San Francisco: W. H. Freeman.

**Daly, Herman E.** (Hrsg.) (1980): *Economics, Ecology, Ethics: Essays Toward a Steady-State economy*. San Francisco: W. H. Freeman.

**Dench, Geoff** (Hrsg.) (2006): *The Rise and Rise of Meritocracy*. Oxford, UK; Malden, MA: Blackwell Pub. in association with The Political Quarterly.

**Dirzo, R.; Young, H. S.; Galetti, M.; Ceballos, G.; Isaac, N. J. B.; Collen, B.** (2014): Defaunation in the Anthropocene. In: *Science* 345, Nr. 6195 (Juli): S. 401–406. https://doi.org/10.1126/science.1251817.

**Dreitzel, Hans Peter** (1962): *Elitebegriff und Sozialstruktur. Eine soziologische Begriffsanalyse*. Stuttgart: Ferdinand Enke.

**Dröge, Kai; Marrs, Kira; Menz, Wolfgang** (Hrsg.) (2008): *Rückkehr der Leistungsfrage. Leistung in Arbeit, Unternehmen und Gesellschaft.* Forschung aus der Hans-Böckler-Stiftung 89. Berlin: edition sigma.

**Eucken, Walter** (1952): *Grundsätze der Wirtschaftspolitik.* Hg. von Edith Eucken-Erdsiek und Karl Paul Hensel. Bern: A. Francke.

**Eucken, Walter** (2012): *Wirtschaftsmacht und Wirtschaftsordnung. Londoner Vorträge zur Wirtschaftspolitik und zwei Beiträge zur Antimonopolpolitik.* 2. Aufl. Münster, Hamburg: Lit.

**Europäischer Rat** (2000): Lissabon 23.–24. 03. 2000: Schlußfolgerungen des Vorsitzes. http://www.europarl.europa.eu/summits/lis1_de.htm.

**Fehr, Ernst; Gächter, Simon** (2000): Fairness and Retaliation: The Economics of Reciprocity. In: *Journal of Economic Perspectives* 14, Nr. 3 (August): S. 159–182. https://doi.org/10.1257/jep.14.3.159.

**Fontana, Giuseppe; Sawyer, Malcolm** (2016): Full Reserve Banking: More »Cranks« Than »Brave Heretics«. In: *Cambridge Journal of Economics* 40, Nr. 5 (September): S. 1333–1350. https://doi.org/10.1093/cje/bew016.

**Friedrich-Naumann-Stiftung** (1971): *Freiburger Thesen der F.D.P. zur Gesellschaftspolitik.* Druckschriftenbestand D1-123. Gummersbach: Archiv des Liberalismus. https://archive.org/details/FreiburgerThesenZurGesellschaftspolitik/1971_Freiburger_Thesen.

**Fukuyama, Francis** (1992): *Das Ende der Geschichte: Wo stehen wir?* München: Kindler.

**Gaffney, Mason** (2009): The Hidden Taxable Capacity of Land: Enough and to Spare. Hg. von Francis K. Peddle. In: *International Journal of Social Economics* 36, Nr. 4: S. 328–411. https://doi.org/10.1108/03068290910947930.

**Gaffney, Mason; Harrison, Fred** (1994): *The Corruption of Economics.* Georgist paradigm series. London: Shepheard-Walwyn in association with Centre for Incentive Taxation.

**Garrett, Brandon L.** (2016): *Too Big to Jail: How Prosecutors Compromise with Corporations.* Harvard: Belknap.

**George, Henry** (2009 [1881]): *Progress and Poverty: An Inquiry into the Cause of Industrial Depressions and of Increase of Want with Increase of Wealth; The Remedy.* Cambridge: Cambridge University Press. https://doi.org/10.1017/CBO9780511693687.

**Gerken, Lüder; Märkt, Jörg; Schick, Gerhard** (2000): *Internationaler Steuerwettbewerb.* Tübingen: Mohr Siebeck.

**Graeber, David** (2011): *Debt: The First 5,000 Years.* Brooklyn, N.Y.: Melville House.

**Graedel, Thomas E.; Allwood, Julian; Birat, Jean-Pierre; Reck, Barbara K.; Sibley, Scott F.; Sonnemann, Guido; Hagelüken, Christian; Buchert, Matthias** (2011): *Recycling Rates of Metals: A Status Report.* Nairobi, Kenya: United Nations Environment Programme. https://doi.org/20.500.11822/8702.

**Haidt, Jonathan** (2013): *The Righteous Mind: Why Good People are Divided by Politics and Religion.* New York: Vintage Books, a division of Random House.

**Harari, Yuval Noah** (2013): *Eine kurze Geschichte der Menschheit.* München: DVA.

**Häring, Norbert** (2016): *Die Abschaffung des Bargelds und die Folgen. Der Weg in die totale Kontrolle*. Köln: Quadriga.

**Hartfiel, Günter** (Hrsg.) (1977): *Das Leistungsprinzip. Merkmale – Bedingungen – Probleme*. Opladen: Leske + Budrich.

**Hartmann, Michael** (2002): *Der Mythos von den Leistungseliten. Spitzenkarrieren und soziale Herkunft in Wirtschaft, Politik, Justiz und Wissenschaft*. Frankfurt am Main; New York: Campus.

**Hartmann, Michael** (2008): *Elitesoziologie. Eine Einführung*. 2., korrigierte Aufl. Sozialwissenschaftliche Studienbibliothek 2. Frankfurt am Main: Campus.

**Heckhausen, Heinz; Krockow, Christian Graf von; Schlaffke, Winfried** (1974): *Das Leistungsprinzip in der Industriegesellschaft*. Köln: Deutscher Instituts-Verlag.

**Henger, Ralph; Schaefer, Thilo** (2015): Mehr Boden für die Grundsteuer. Eine Simulationsanalyse verschiedener Grundsteuermodelle. IW Policy Paper 32. Köln: Institut der deutschen Wirtschaft.

**Herrmann, Ulrike** (2013): *Der Sieg des Kapitals. Wie der Reichtum in die Welt kam. Die Geschichte von Wachstum, Geld und Krisen*. Frankfurt am Main: Westend.

**Herrmann-Pillath, Carsten** (2018): *Grundlegung einer kritischen Theorie der Wirtschaft*. Marburg: Metropolis.

**Hickel, Rudolf; Priewe, Jan; Stratmann-Mertens, Eckhard** (Hrsg.) (1991): *Wachstum. Abschied von einem Dogma*. Frankfurt am Main: S. Fischer.

**Hoffmann, Johannes; Hofman, Gerhard; Lowitzsch, Jens; Pitschas, Christian; Suarsana, Denis; Roggemann, Herwig** (2015): *Nachhaltigkeit im Wettbewerb verankern*. Hg. von Abteilung Wirtschafts- und Sozialpolitik. Wiso Diskurs. Bonn: Friedrich-Ebert-Stiftung.

**Homann, Karl** (2002): *Vorteile und Anreize: zur Grundlegung einer Ethik der Zukunft*. Hg. von Christoph Lütge. Tübingen: Mohr Siebeck.

**Homann, Karl; Blome-Drees, Franz** (1992): *Wirtschafts- und Unternehmensethik*. Göttingen: Vandenhoeck & Ruprecht.

**Hradil, Stefan; Imbusch, Peter** (Hrsg.) (2003): *Oberschichten, Eliten, herrschende Klassen*. Sozialstrukturanalyse 17. Opladen: Leske + Budrich.

**Huber, Joseph** (2016): *Monetäre Modernisierung: zur Zukunft der Geldordnung. Vollgeld und Monetative*. 5. Aufl. Marburg: Metropolis.

**Jackson, Tim** (2009): *Prosperity Without Growth: Economics for a Finite Planet*. London; New York: Earthscan.

**Jakab, Zoltán; Kumhof, Michael** (2015): Banks are not intermediaries of loanable funds – and why this matters. Bank of England working papers 529. London: Bank of England. https://doi.org/10.2139/ssrn.2612050.

**Jaumotte, Florence; Lall, Subir; Papageorgiou, Chris** (2013): Rising Income Inequality: Technology, or Trade and Financial Globalization? In: *IMF Economic Review* 61, Nr. 2: S. 271–309. https://doi.org/10.1057/imfer.2013.7.

**Jenkis, Helmut** (1980): *Leistung – ein inhumaner Anspruch? Zum Ursprung und zur Kritik des Leistungsprinzips*. Frankfurt am Main: Fritz Knapp.

**Jordà, Òscar; Schularick, Moritz; Taylor, Alan M.** (2016): The Great Mortgaging: Housing Finance, Crises and Business Cycles. In: *Economic Policy* 31, Nr. 85 (Januar): S. 107–152. https://doi.org/10.1093/epolic/eiv017.

**Kirchgässner, Gebhard** (2013): *Homo oeconomicus: Das ökonomische Modell individuellen Verhaltens und seine Anwendung in den Wirtschafts- und Sozialwissenschaften*. 4. Aufl. Die Einheit der Gesellschaftswissenschaften Band 74. Tübingen: Mohr Siebeck.

**Kirchhoff, Thomas** (2015): *Konkurrenz: Historische, strukturelle und normative Perspektiven*. Edition Kulturwissenschaft 35. Bielefeld: Transcript.

**Knoll, Katharina; Schularick, Moritz; Steger, Thomas** (2017): No Price Like Home: Global House Prices, 1870–2012. In: *American Economic Review* 107, Nr. 2 (Februar): S. 331–353. https://doi.org/10.1257/aer.20150501.

**Kregel, Jan** (2012): Minsky and the Narrow Banking Proposal: No Solution for Financial Reform. Research Report 125. Public Policy Brief, Jerome Levy Economics Institute of Bard College. https://doi.org/10419/121994.

**Krings, Hermann** (1991): Norm und Praxis. Zum Problem der Vermittlung moralischer Gebote. *Herder Korrespondenz* 45, Nr. 5: S. 228–233.

**Kristensen, K. J.** (1945): *Land Valuation in Denmark (1903–1945)*. London: International Union for Land Value Taxation; Free Trade. http://www.grundskyld.dk/2-assessment.html.

**Krusell, Per; Ohanian, Lee E.; Rios-Rull, Jose-Victor; Violante, Giovanni L.** (2000): Capital-skill Complementarity and Inequality: A Macroeconomic Analysis. In: *Econometrica* 68, Nr. 5: S. 1029–1053. https://doi.org/10.1111/1468-0262.00150.

**Kümmel, Reiner** (2011): *The Second Law of Economics: Energy, Entropy, and the Origins of Wealth*. New York; Dordrecht; Heidelberg; London: Springer.

**Kümmel, Reiner; Lindenberger, Dietmar** (2014): How Energy Conversion Drives Economic Growth Far from the Equilibrium of Neoclassical Economics. In: *New Journal of Physics* 16, Nr. 12 (Dezember): 125008. https://doi.org/10.1088/1367-2630/16/12/125008.

**Kunkel, Catherine M.; Kammen, Daniel M.** (2011): Design and Implementation of Carbon Cap and Dividend Policies. In: *Energy Policy* 39, Nr. 1: S. 477–486. https://doi.org/10.1016/j.enpol.2010.08.046.

**Löhr, Dirk** (2008): Flächenhaushaltspolitische Varianten einer Grundsteuerreform. In: *Wirtschaftsdienst* 88, Nr. 2 (Februar): S. 121–129. https://doi.org/10.1007/s10273-008-0763-0.

**Löhr, Dirk** (2013): *Prinzip Rentenökonomie. Wenn Eigentum zu Diebstahl wird*. Marburg: Metropolis.

**Löhr, Dirk; Harrison, Fred** (2013): Ricardo und die Troika. Für die Einführung einer EU-Bodenwertabgabe. In: *Wirtschaftsdienst* 93, Nr. 10 (Oktober): S. 702–709. https://doi.org/10.1007/s10273-013-1586-1.

**Löhr, Dirk; Harrison, Fred** (Hrsg.) (2017): *Das Ende der Rentenökonomie. Wie wir globale Wohlfahrt herstellen und eine nachhaltige Zukunft bauen können.* Marburg: Metropolis.

**Marris, Peter** (2006): Just Rewards: Meritocracy Fifty Years Later. In: *The Rise and Rise of Meritocracy.* Hg. von Geoff Dench, S. 157–162. Oxford, UK; Malden, MA: Blackwell Pub. in association with The Political Quarterly.

**Mazzucato, Mariana** (2014): *The Entrepreneurial State: Debunking Public vs. Private Sector Myths.* Revised edition. Anthem Frontiers of Global Political Economy. London; New York: Anthem Press.

**McLeay, Michael; Radia, Amar; Thomas, Ryland** (2014): Money Creation in the Modern Economy. In: *Bank of England Quarterly Bulletin* Q1: S. 14–27.

**Meadows, Donella H.; Meadows, Dennis L.; Randers, Jorgen; Behrens III, William W.** (1972): *The Limits to Growth.* New York: Universe Books.

**Medda, Francesca** (2012): Land Value Capture Finance for Transport Accessibility: A Review. In: *Journal of Transport Geography* 25 (November): S. 154–161. https://doi.org/10.1016/j.jtrangeo.2012.07.013.

**Miller, David** (1999): *Principles of Social Justice.* Cambridge, Mass: Harvard University Press.

**Minsky, Hyman P.** (1986): *Stabilizing an Unstable Economy.* New Haven: Yale University Press.

**Mirrlees, James; Adam, Stuart** (2011): *Tax by Design: The Mirrlees Review.* Oxford; New York: Oxford University Press.

**Montgomery, David R.** (2010): *Dreck. Warum unsere Zivilisation den Boden unter den Füßen verliert.* Stoffgeschichten 6. München: oekom.

**Müller, Max** (Hrsg.) (1974): *Sinn und Unsinn des Leistungsprinzips. Ein Symposium der Carl Friedrich von Siemens Stiftung.* München: dtv.

**Neckel, Sighard** (2001): »Leistung« und »Erfolg«. Die symbolische Ordnung der Marktgesellschaft. In: *Gesellschaftsbilder im Umbruch. Soziologische Perspektiven in Deutschland.* Hg. von Eva Barlösius, Hans-Peter Müller, und Steffen Sigmund, S. 245–265. Opladen: Leske + Budrich.

**Neckel, Sighard; Dröge, Kai; Somm, Irene** (2008): Das umkämpfte Leistungsprinzip. Deutungskonflikte um die Legitimationen sozialer Ungleichheit. In: *Rückkehr der Leistungsfrage – Leistung in Arbeit, Unternehmen und Gesellschaft.* Hg. von Kai Dröge, Kira Marrs und Wolfgang Menz, S. 41–56. Forschung aus der Hans-Böckler-Stiftung 89. Berlin: edition sigma.

**Norregaard, John** (2013): Taxing Immovable Property Revenue Potential and Implementation Challenges. IMF Working Paper 13/129. International Monetary Fund. https://www.imf.org/external/pubs/ft/wp/2013/wp13129.pdf.

**OECD** (2014): *OECD-Wirtschaftsberichte: Deutschland 2014*. OECD-Wirtschaftsberichte: Deutschland. OECD Publishing. https://doi.org/10.1787/eco_surveys-deu-2014-de.

**Oefele, Helmut von; Winkler, Karl** (2008): *Handbuch des Erbbaurechts*. 4. Aufl. München: Beck.

**Offe, Claus** (1970): *Leistungsprinzip und industrielle Arbeit. Mechanismen der Statusverteilung in Arbeitsorganisationen der industriellen »Leistungsgesellschaft«*. Frankfurt am Main: Europäische Verlagsanstalt.

**Offe, Claus** (1984): *»Arbeitsgesellschaft«: Strukturprobleme und Zukunftsperspektiven*. Frankfurt am Main: Campus.

**Oswalt, Walter** (2017): *No Mono: Kapitalismus ohne Konzerne. Für eine liberale Revolution*. Münster, Hamburg: Lit.

**Paech, Niko** (2012): *Befreiung vom Überfluss. Auf dem Weg in die Postwachstumsökonomie*. München: oekom.

**Pew Research Center** (2014): *Emerging and Developing Economies Much More Optimistic than Rich Countries about the Future*. http://pewrsr.ch/1yMLfo4.

**Pianta, Mario** (2005): Innovation and Employment. In: *The Oxford Handbook of Innovation*. Hg. von Jan Fagerberg, David C. Mowery und Richard R. Nelson, S. 568–598. Oxford: Oxford University Press.

**Piketty, Thomas** (2014): *Capital in the Twenty-First Century*. Cambridge, Mass.: Harvard University Press.

**Piketty, Thomas; Zucman, Gabriel** (2015): Wealth and Inheritance in the Long Run. In: *Handbook of Income Distribution*, 2: S. 1303–1368. Elsevier. https://doi.org/10.1016/B978-0-444-59429-7.00016-9.

**Polanyi, Karl** (1977): *The Great Transformation: Politische und ökonomische Ursprünge von Gesellschaften und Wirtschaftssystemen*. Wien: Europaverlag.

**Popitz, Heinrich** (1992): *Phänomene der Macht*. 2. Aufl. Tübingen: J. C. B. Mohr (P. Siebeck).

**Pornschlegel, Hans; Birkwald, Reimar; Wiesner, Herbert** (1967): *Menschliche Leistung und Arbeitsergebnis*. Köln: Bund-Verlag.

**Rat der Europäischen Union** (2015): Empfehlung (EU) 2015/1184 des Rates vom 14. Juli 2015 über die Grundzüge der Wirtschaftspolitik der Mitgliedstaaten und der Europäischen Union. *Amtsblatt der Europäischen Union* 192 (Juli): S. 27–31. http://data.europa.eu/eli/reco/2015/1184/oj/deu.

**Reck, Barbara K.; Graedel, Thomas E.** (2012): Challenges in Metal Recycling. In: *Science* 337, Nr. 6095 (August): S. 690–695. https://doi.org/10.1126/science.1217501.

**Reckwitz, Andreas** (2004): Die Kontingenzperspektive der »Kultur«. Kulturbegriffe, Kulturtheorien und das kulturwissenschaftliche Forschungsprogramm. In: *Handbuch der Kulturwissenschaften: Band 3: Themen und Tendenzen*. Hg. von Burkhard Liebsch, Jürgen Straub, Friedrich Jaeger, und Jörn Rüsen, S. 1–20. J. B. Metzler'sche Verlagsbuchhandlung und Carl Ernst Poeschel Verlag.

**Richters, Oliver; Siemoneit, Andreas** (2017a): How Imperative are the Joneses? Economic Growth Between Individual Desire and Social Coercion. VÖÖ Discussion Papers 4. Heidelberg: Vereinigung für Ökologische Ökonomie. https://doi.org/10419/150539.

**Richters, Oliver; Siemoneit, Andreas** (2017b): Fear of Stagnation? A Review on Growth Imperatives. VÖÖ Discussion Papers 6. Heidelberg: Vereinigung für Ökologische Ökonomie. https://doi.org/10419/158012.

**Richters, Oliver; Siemoneit, Andreas** (2017c): Consistency and Stability Analysis of Models of a Monetary Growth Imperative. In: Ecological Economics 136 (Juni): S. 114–125. https://doi.org/10.1016/j.ecolecon.2017.01.017.

**Richters, Oliver; Siemoneit, Andreas** (2018): The Contested Concept of Growth Imperatives: Technology and the Fear of Stagnation. Oldenburg Discussion Papers in Economics 414–18. https://ideas.repec.org/p/old/dpaper/414.html.

**Rifkin, Jeremy** (1995): *Das Ende der Arbeit und ihre Zukunft*. Frankfurt am Main: Campus.

**Rochon, Louis-Philippe; Rossi, Sergio** (2013): Endogenous Money: The Evolutionary Versus Revolutionary Views. In: *Review of Keynesian Economics* 1, Nr 2: S. 210–229. https://doi.org/10.4337/roke.2013.02.04.

**Rockström, Johan; Steffen, Will; Noone, Kevin; Persson, Åsa; Chapin, F. Stuart; Lambin, Eric F.; Lenton, Timothy M., u. a.** (2009): A Safe Operating Space for Humanity. In: *Nature* 461, Nr. 7263 (September): S. 472–475. https://doi.org/10.1038/461472a.

**Rohde, Robert A.; Muller, Richard A.** (2005): Cycles in Fossil Diversity. In: *Nature* 434, Nr. 7030 (März): S. 208–210. https://doi.org/10.1038/nature03339.

**Röper, Erich** (2005): Die Bodenreformen in allen vier Besatzungszonen. In: *Neue Justiz* 7: S. 296–299.

**Rosa, Hartmut** (2005): *Beschleunigung. Die Veränderung der Zeitstrukturen in der Moderne*. Frankfurt am Main: Suhrkamp.

**Rothschild, Kurt W.** (2002): The Absence of Power in Contemporary Economic Theory. In: *The Journal of Socio-Economics* 31, Nr. 5: S. 433–442.

**Rüstow, Alexander** (2001): *Das Versagen des Wirtschaftsliberalismus*. 3. Aufl. Marburg: Metropolis.

**Ryan-Collins, Josh; Lloyd, Toby; Macfarlane, Laurie** (2017): *Rethinking the Economics of Land and Housing*. Zed Books Ltd.

**Sahlins, Marshall** (1965): On the Sociology of Primitive Exchange. In: *The Relevance of Models for Social Anthropology*. Hg. von Michael Banton, S. 139–236. London; New York: Routledge.

**Sandel, Michael J.** (2013): *Gerechtigkeit. Wie wir das Richtige tun*. Übers. von Helmut Reuter. Berlin: Ullstein.

**Sandel, Michael J.** (2015): *Was man für Geld nicht kaufen kann. Die moralischen Grenzen des Marktes*. Übers. von Helmut Reuter. Berlin: Ullstein.

**Santarius, Tilman** (2015): *Der Rebound-Effekt. Ökonomische, psychische und soziale Herausforderungen für die Entkopplung von Wirtschaftswachstum und Energieverbrauch.* Weimar (Lahn): Metropolis.

**Sauber, Martin; Weihmayr, Benedikt** (2014): Vollgeld und Full Reserve Banking. Geldreformen auf dem Prüfstand. *Wirtschaftsdienst* 94, Nr. 12 (Dezember): S. 898–905. https://doi.org/10.1007/s10273-014-1766-7.

**Saunders, Peter** (2006): Meritocracy and Popular Legitimacy. In: *The Rise and Rise of Meritocracy.* Hg. von Geoff Dench, S. 183–194. Oxford, UK; Malden, MA: Blackwell Pub. in association with The Political Quarterly.

**Scheidler, Fabian** (2015): *Das Ende der Megamaschine. Geschichte einer scheiternden Zivilisation.* Wien: Promedia.

**Schick, Gerhard** (2014): *Machtwirtschaft – nein danke! Für eine Wirtschaft, die uns allen dient.* Frankfurt am Main: Campus.

**Schmelzer, Matthias** (2016): *The Hegemony of Growth.* Cambridge, New York: Cambridge University Press.

**Schmidt, Gerold** (1993): Der EG-Binnenmarkt und das Stabilitätsgesetz. In: *Recht der internationalen Wirtschaft* 11: S. 921–928. http://online.ruw.de/suche/riw/-16984fa33d2ef87590ea138e25ec1ed5.

**Schneider, Friedrich** (2017): Restricting or Abolishing Cash: An Effective Instrument for Fighting the Shadow Economy, Crime and Terrorism? In: Frankfurt am Main: Deutsche Bundesbank. https://doi.org/10419/162914.

**Schumpeter, Joseph A.** (1980): *Kapitalismus, Sozialismus und Demokratie.* 5. Aufl. München: Francke.

**Sedláček, Tomáš** (2013): *Die Ökonomie von Gut und Böse.* Goldmann 15754. München: Goldmann.

**Segal, Paul** (2011): Resource Rents, Redistribution, and Halving Global Poverty: The Resource Dividend. In: *World Development* 39, Nr. 4: S. 475–489. https://doi.org/10.1016/j.worlddev.2010.08.013.

**Seidl, Irmi; Zahrnt, Angelika** (Hrsg.) (2010): *Postwachstumsgesellschaft. Konzepte für die Zukunft.* Marburg: Metropolis.

**Siemoneit, Andreas** (2017): Effizienzkonsum. Produktivitätssteigerung als Beschreibungsrahmen bestimmter Konsum-Entscheidungen. VÖÖ Discussion Papers 3. Heidelberg: Vereinigung für Ökologische Ökonomie. https://doi.org/10419/150538.

**Simon, Hermann** (1996): *Die heimlichen Gewinner. Die Erfolgsstrategien unbekannter Weltmarktführer.* Frankfurt am Main: Campus.

**Smith, Jeffery J.; Gihring, Thomas A.** (2006): Financing Transit Systems Through Value Capture: An Annotated Bibliography. In: *American Journal of Economics and Sociology* 65, Nr. 3 (Juli): S. 751–786. https://doi.org/10.1111/j.1536-7150.2006.00474.x.

**Steffen, Will; Grinevald, Jacques; Crutzen, Paul; McNeill, John** (2011): The Anthropocene: Conceptual and Historical Perspectives. In: *Philosophical Transactions of the Royal Society of London A: Mathematical, Physical and Engineering Sciences* 369, Nr. 1938: S. 842–867. https://doi.org/10.1098/rsta.2010.0327.

**Steffen, Will; Richardson, Katherine; Rockström, Johan; Cornell, Sarah E.; Fetzer, Ingo; Bennett, Elena M.; Biggs, Reinette; u. a.** (2015): Planetary Boundaries: Guiding Human Development on a Changing Planet. In: *Science* 347, Nr. 6223: 1259855. https://doi.org/10.1126/science.1259855.

**Steurer, Reinhard** (2002): *Der Wachstumsdiskurs in Wissenschaft und Politik: Von der Wachstumseuphorie über »Grenzen des Wachstums« zur Nachhaltigkeit.* Berlin: VWF.

**Stevens, Jeffrey R.; Cushman, Fiery A.; Hauser, Marc D.** (2005): Evolving the Psychological Mechanisms for Cooperation. In: *Annual Review of Ecology, Evolution, and Systematics* 36, Nr. 1 (Dezember): S. 499–518. https://doi.org/10.1146/annurev.ecolsys.36.113004.083814.

**Stiglitz, Joseph** (2015): The Measurement of Wealth: Recessions, Sustainability and Inequality. NBER Working Paper w21327. Cambridge, MA: National Bureau of Economic Research. https://doi.org/10.3386/w21327.

**Streeck, Wolfgang** (2006): Nach dem Korporatismus. Neue Eliten, neue Konflikte. In: *Deutschlands Eliten im Wandel.* Hg. von Herfried Münkler, Grit Strassenberger und Matthias Bohlender, S. 149–176. Frankfurt am Main; New York: Campus.

**The Economist** (2014): Why Land Value Taxes are so Popular, Yet so Rare. https://www.economist.com/blogs/economist-explains/2014/11/economist-explains-0.

**Thiele, Carl-Ludwig** (2017): *Die Zukunft des Bargelds.* Forum Bundesbank, Stuttgart, 7. März 2017. https://www.bundesbank.de/de/presse/reden/die-zukunft-des-bargelds-613864.

**Trivers, Robert** (2011): *Deceit and Self-Deception – Fooling Yourself the Better to Fool Others.* London: Penguin.

**Ulrich, Peter** (2016): *Integrative Wirtschaftsethik. Grundlagen einer lebensdienlichen Ökonomie.* 5. Aufl. Bern: Haupt Verlag.

**Verband für Arbeitsstudien REFA** (Hrsg.) (1974): *Das Leistungsprinzip in unserer Zeit.* Berlin; Köln; Frankfurt am Main: Beuth.

**Verheyen, Nina** (2018): *Die Erfindung der Leistung.* Berlin: Hanser.

**Vitali, Stefania; Glattfelder, James B.; Battiston, Stefano** (2011): The Network of Global Corporate Control. In: *PloS one* 6, Nr. 10: e25995. https://doi.org/10.1371/journal.pone.0025995.

**Voland, Eckart** (2013): *Soziobiologie. Die Evolution von Kooperation und Konkurrenz.* 4. Aufl. Berlin: Springer Spektrum.

**Weizsäcker, Ernst Ulrich von** (Hrsg.) (1997): *Grenzen-los?* Basel: Birkhäuser. https://doi.org/10.1007/978-3-0348-6105-2.

**Wilkinson, Richard G.; Pickett, Kate** (2009): *The Spirit Level: Why More Equal Societies Almost Always Do Better*. London: Allen Lane.

**WWF** (2016): *Living Planet Report 2016: Risk and Resilience in a New Era*. Gland: WWF International. http://wwf.panda.org/lpr/.

**Young, Michael Dunlop** (1958): *The Rise of the Meritocracy*. London: Thames; Hudson.

Alle Weblinks geprüft am 16. August 2018. Diese Literaturliste mit klickbaren Verweisen finden Sie unter www.marktwirtschaft-reparieren.de/literaturliste.htm.

# Über die Autoren

Oliver Richters

Andreas Siemoneit

*Fotos: Luise Hamm*

**Oliver Richters**, Physiker und Ökonom, promoviert an der Carl von Ossietzky Universität Oldenburg zu ökonomischen Nichtgleichgewichtsmodellen und Wachstumszwängen. Er war Vorsitzender der Vereinigung für Ökologische Ökonomie (VÖÖ), ist Mitglied des Instituts für zukunftsfähige Ökonomien (ZOE) und als Referent, Science Slammer und Kabarettist tätig. *www.oliver-richters.de*

**Andreas Siemoneit**, Physiker und Wirtschaftsingenieur, arbeitet als Softwarearchitekt und Berater in Berlin. Zusätzlich befasst er sich als Sozialwissenschaftler mit den anthropologischen Grundlagen von Ökonomie und Politik, um ein wenig Licht ins Dunkel der großen sozialwissenschaftlichen Kontroversen zu bringen. Als Geschäftsführer des Fördervereins Wachstumswende engagiert er sich für wachstumskritische Projekte. *www.effizienzkritik.de*

# Zu guter Letzt

Die Publikationen des oekom verlags ermutigen zu nachhaltigerem Handeln: glaubwürdig & konsequent – und das schon seit 30 Jahren!

**Bereits seit Herbst 2016 verzichten wir bei den meisten Büchern auf das Einschweißen in Plastikfolie. In unserem Jubiläumsjahr machen wir den nächsten Schritt und weiten den Plastikverzicht auf alle ab 2019 erscheinenden Hardcover-Titel aus.**

Auch sonst sind wir weiter Vorreiter: Für den Druck unserer Bücher und Zeitschriften verwenden wir fast ausschließlich Recyclingpapiere (überwiegend mit dem Blauen Engel zertifiziert) und drucken mineralölfrei. Unsere Druckereien und Dienstleister wählen wir im Hinblick auf ihr Umweltmanagement und möglichst kurze Transportwege aus. Dadurch liegen unsere $CO_2$-Emissionen um 25 Prozent unter denen vergleichbar großer Verlage. Unvermeidbare Emissionen kompensieren wir zudem durch Investitionen in ein Gold-Standard-Projekt zum Schutz des Klimas und zur Förderung der Artenvielfalt.

Als Ideengeber beteiligt sich oekom an zahlreichen Projekten, um in der Branche einen hohen ökologischen Standard zu verankern. Über unser Nachhaltigkeitsengagement berichten wir ausführlich im Deutschen Nachhaltigkeitskodex (www.deutscher-nachhaltigkeitskodex.de). Schritt für Schritt folgen wir so den Ideen unserer Publikationen – für eine nachhaltigere Zukunft.

Dr. Christoph Hirsch
Programmplanung und Leiter Buch

Anke Oxenfarth
Leiterin Stabstelle Nachhaltigkeit